AQUARIUS

AQUARIUS

AQUARIUS

AQUARIUS

Vision

一些人物，

一些視野，

一些觀點，

與一個全新的遠景！

遠方有哀傷，
此地有我
・從性侵受害者到倖存者，一段陪伴者同行的創傷療癒之路・
陳潔晧・徐思寧◎著

各界聯合推薦

看著潔晧與思寧溫柔而細膩的文字，我忍不住掉下眼淚。感謝這本書的出版，讓我們看見倖存者與陪伴者在復原途中，艱難但堅定的每一步。

——王婉諭（立法委員）

看過潔晧第一本書，到這本他與思寧的創作，想起曾有位勵馨服務的倖存者在復原歷程中頓悟：「受害不是我的錯，但讓自己好起來是我自己的責任。」而好的親密關係品質，對復原有著極關鍵的作用。潔晧在探索心靈幽暗地下室的過程中，因著思寧的陪伴，加上二人用創作轉化創傷的方式，為陪伴倖存者的創傷療癒之路，寫下令人動容的故事。

——王玥好（勵馨基金會執行長）

注意聽！孩子說的故事裡總是包含著嘲弄邪惡的元素，但有些孩子的故事沒有，他們以沉默處理邪惡，或者以恐懼，或者以其他。讀者從這本書裡將會聽見一個截然不同的故事，而這類故事並不總是有思寧的陪伴。所以我們那麼需要您，每位讀者，對您身邊的人打開好奇的耳朵。

——鐘穎（諮商心理師、愛智者書窩版主）

推薦序——

凝視深淵而不成為深淵的唯一方法：愛

◎劉宗瑀（外科醫師）

很美的文字，說著很痛的故事，娓娓道來卻如此令人欲罷不能想要將之看完。

這是我認識陳潔皓和其妻徐思寧的第四個年頭，從他們共同創作的《蝴蝶朵朵》繪本開始，敲開關注家內性侵議題的社會革命大門，我跟許多志同道合的志工朋友們就全台上百場以此繪本來作為故事媽媽解說，引導大眾，尤其是家長，提升對於兒童性安全議題的重視。

每場工作坊都需要兩天的時間，才能慢慢將聽眾們如同冰山般堅硬的防禦心融化一些些，而最讓人感慨與感動的，往往是每場、幾乎每場結束完，總會有髮鬢斑白的聽眾顫顫巍巍地走到講台後，握起我的手輕聲說道：「謝謝你們，我也是大朵朵……」

這些背負著悲傷的心靈，如今終於在隱藏多時之後獲得發聲的機會，令人鼻酸動容。

而陳潔晧與徐思寧的故事，除了發人省思之外，在這本書中，更詳細地介紹了他們是如何並肩共同走過荊棘之地：

從第一次見面輕輕地互相握手，到從潔晧夜不成寐開始訴說。

從思寧回憶當年香港家庭的熱鬧繁雜互動，到對應潔晧被刻意冷暴力的家庭忽略問題——一邊是吃飯要搶菜不然吃不到；一邊是餓到無法入睡，只能等待天明有早餐……

一開始翻開目錄，見到是兩個人輪流交錯著書寫時，非常驚訝於這樣的書寫大綱安排，畢竟兩個人就會有兩種風格跟說話語氣，要融合在一本書之中談何容易！光是我自己在經營網路社群，有時還會因為發文跟先生意見不合而翻白眼，就對書內文字的安排更感到精妙絕倫。

遠方有哀傷，此地有我

因為，這本書無處不展現了兩個人共同靈魂合一的神奇完美！常常前一個提到的伏筆，就連著由另一半接續說完，或是其一在文字雕琢中發出接近追尋問題的核心哲理時，另一邊則會靜靜聆聽並給予肯定。

尤其，當悲傷記憶排山倒海而來，嚴重到真實感受如同世界崩毀，已經無法理智，已經無法思考，已經放棄一切時……另一半包容並陪伴著，一起沉浮、一次次告訴對方：「你沒有錯，你不應該被這樣對待。」

無比揪心，卻又是我所見過最偉大的愛。

我自己所看診的科別是乳房專科，臨床上見過很多新婚的夫妻一聽到太太罹癌，馬上先生人走茶涼。於身的病痛都尚且經不起如此考驗，更何況於心的問題？

雖說不應該用這種方式來見證跟考驗所謂愛的偉大，但，當另一半陷入困境時，自發地陪伴與同理，比嘴巴上的海枯石爛還更令人動容。

羅賓．威廉斯主演的電影《美夢成真》當中，因意外喪失所有家人而陷入嚴重憂鬱症的妻子，接連治療都不見起色，自殺而亡，在基督教背景的設定下，自殺亡魂只能下地獄受折磨。

演先生的羅賓在天堂醒來，見到兩個孩子卻百尋不著其妻，甚至不惜下到地獄刀山油鍋，終於絕望之境發現妻子的身影。

隨行的同伴告誡可以跟妻子短暫告別，但若時間過久，羅賓自己也會受影響而無法離開地獄，一起沉淪絕望，無法輪迴。羅賓深痛覺悟後，告訴同伴：「請你回去告訴我的孩子們，我愛他們，永遠都愛，但，我更愛我的妻子。」

然後，他毅然深陷暗黑之中，被絕望深淵所吞噬。他用最後的力量抱著太太，卻意外喚醒了太太，在千鈞一髮之際共同脫離深淵。兩人於是重返天堂，並相約再次人間相遇、相知相惜。

曾經我以為這只會存在於劇作家的創作當中，直到我看完這本《遠方有哀傷，此地有我》後，終感釋然：愛真的存在，那是凝視深淵而不成為深淵的唯一方法；那是讓曾經受傷、打算隱忍一輩子的大朵朵們願意勇敢站起來發聲的力量。

那是溫柔的一雙手，在最痛的時刻，握住並訴說著：「你的悲傷我懂，我在這裡。」

目錄

各界聯合推薦 008

推薦序——凝視深淵而不成為深淵的唯一方法：愛 ◎劉宗瑀（外科醫師） 010

第一章 餐桌上的小劇場

潔皓．第一次約會的兩百倍衝擊 018

思寧．移動的湖 025

思寧．消失的餅乾 031

潔皓．狼的一餐 037

思寧．料理魔法實習生 044

潔皓．逃出糖果屋 051

第二章 床上床下的生活

思寧．把伴侶泡進濃縮咖啡 062

潔皓．生存獎盃 069

思寧．偶然消失的一天 076

目錄

潔晧・只要你不困擾，就沒有人困擾 082

思寧・找尋仙境中的愛麗絲 092

潔晧・夢境深處 099

第三章 藝術家是「家族之光」

思寧・藝術世家的媳婦生活 110

潔晧・我的藝術家爸爸 117

思寧・談戀愛要先過馬路 126

潔晧・裝飾品 133

思寧・黑夜中前行 141

潔晧・靈魂擁抱，寶石璀璨 148

潔晧・被迫長大的小木偶 153

第四章 幸福的相對位置

潔晧・生存的座標 160

思寧・我的三歲老公今年長大兩歲 167

潔晧・停頓的時間 174

目錄

思寧・無法從噩夢中叫醒你 180
潔皓・回顧生命的靈魂 188
思寧・走進忘卻之洞 198

第五章 快樂的星塵

思寧・點亮火柴的小男孩 208
潔皓・螢幕中的貓狗 216
潔皓・光影中的祕密訊息 221
思寧・溝通需要練等 229
潔皓・煮飯的心情 234
思寧・烤箱的微光 240

第六章 傷害將我們與所有人連結

思寧・我們遇見的快樂王子 246
潔皓・傷害將我們與所有人連結 254

後記——稱為家的地方 ◎潔皓 266

第一章

餐桌上的小劇場

第一次約會的兩百倍衝擊

潔皓

當時我一天說不到五十個字。第一次和思寧吃飯兩個小時，她大概說了一萬個字（概估）。跟一個說話語速是我兩百倍的女孩相處是件很特別的事。

當時我們不了解彼此，還是陌生人。剛好在樂生相遇，對她很有興趣，想打電話約她出來吃飯，但一直打錯電話。打錯了大概一個禮拜，才發現對的電話號碼。

我不是個話很多的人，不太交談，也不太會表達情感，所以主動約一個女孩吃飯已經是極限，但很快我就發現這極限持續被強力衝擊打破。

我不知道該如何形容，一個寡言的台灣男孩和一個語速極快的香港女孩，之間靜靜地迸出火花。

我一向習慣我的世界是安靜的，即使看電視也是靜音模式。我會避開大街道和人群，即使聽音樂，聽的也是沒有歌聲的配樂。

桌上的炒麵開始慢慢變溫的時候，她說到哭了出來。這個變化讓我手足無措。我還在適應兩百倍語速的過程裡，麵冷了，她哭了，我說過的話只有：「老闆，炒麵。」

冷靜，好。重組當時落下密密麻麻的字雨，以我腦內緩慢的語意理解機制，得出來的重點大概是：A她剛從香港來到台灣，B與家人分開很多感觸，C還在適應宿舍生活。

我第一次遇見有人有那麼多話要跟我說。在我的成長裡，光是要說出壓抑的感受，就像北國冬日融雪般困難。

看到思寧不斷述說感受，還流下眼淚時，雖然我沒有表達任何東西，但有說了很多話的感覺；雖然還沒有跟她很熟，但感覺到，想要安慰她，想要讓她覺得舒服一點。感覺去到很深，內心深處有一種冰塊漸漸在融化的感覺，像是活著的感覺。

遠方有哀傷，此地有我

所以我握著她的手，想要安慰她。我不知道該說什麼來安慰一個人，但我想表達：我在意，我在意你的眼淚，以及一切它所代表的意義。所以我握著她的手。

我覺得第一次約會這應該是很冒險的舉動。初次約會指南應該不會建議第一次約會就牽手。但它也沒告訴我和一個語速兩百倍的女孩吃飯談到流淚時該怎麼辦。這是個緊急事件，我選擇冒險握著她的手，雖然只是輕輕放在她手上，但這是我人生從未嘗試過的冒險：想對一個哭泣的女孩子表達適當的安慰。我也不知道這樣的舉動適不適當，我們是兩個對彼此未知的人。

幸運的是，她也握著我的手，可以說是緊緊握住。所以我想我應該沒有做錯，我又放了另一隻手上去，包住我們兩人的手。她眼淚流了更多，我希望沒有嚇到她，當時我覺得應該讓她繼續好好哭，但我真的是個很糟糕、不知所措的安慰者，說不出一句安慰的話。

●

第一次約會是個出乎意料的情感撞擊。是異文化還是個人特質？我留下一個深刻的感受，想理解她更多，也想為她做更多。而我沒意識到第一次遇見思寧約會的感受，會改變我人生。

第二次約會的時候，她看起來好多了，語速依然是兩百倍。吃小火鍋有個好處，就是火鍋下面有小火焰幫你保溫。這次我學會慢慢吃、慢慢聽。當我開始吃冰淇淋的時候，她的小火鍋還是滿的。然後她說：「換你說話，我想知道一些你的事。我的火鍋都還沒動過，我要趕快跟上進度。」球拋到我這裡來，但我不知道怎麼接。我說了一些關於台灣的食物，介紹珍珠奶茶，介紹這裡人的習慣，好像觀光導遊一樣。至少香港小火鍋不常見。我們討論下一次該吃哪一鍋，還有冰淇淋有什麼口味。我不太能介紹自己，我覺得自己乏善可陳，但我希望她在這裡有好回憶，所以切換成導遊模式。總覺得有很多地方可以一起去探索，很多事情等著我們一起體驗。

我們大概在第七次約會的時候開始交往，那大概是兩個禮拜以內的事。很快就開始同居，我們可以說是一拍即合。當時我二十八歲，她二十六歲，生命充滿著探險和期待。語速的差異依然是兩百倍，但我學會聽，和慢慢一點點地表達。

思寧同時也是一個很好的聆聽者，有時我會說到一些關於自己過去的回憶，她會

很有耐心聽完，並且給我同理情感的回應。每次當她這樣做的時候，我就有個很強烈又特殊的感覺，覺得我愛她。我從未有過這樣的互動以及這樣的回應，好像我們已經認識很久一樣。我心裡有個深沉的呼喚：有些話我很想告訴你，但我還不清楚是什麼。

●

生活中我們兩人最大的不同，大概就是吃的習慣。我習慣吃泡麵和便利商店便當，她則希望我們可以自己煮。煮飯要學習，當人開始改變生活習慣的時候，人生也會跟著開始改變。

人生第一個飯鍋，是在新莊夜市一家小電器行買的。我還問了老闆該怎麼煮飯。老闆真的教我們怎麼煮。「一杯米，兩杯水。」老闆真是好人。

從那時開始，我們開始養成逛市場買菜的習慣，感覺就像一場全新的探險。蘿蔔、菜葉、玉米及香料，一個我們每天在吃，但從未接觸的新世界打開在我們面前。料理的世界，神祕又神奇，更重要的是省錢又美味。

遠方有哀傷，
此地有我

很多第一次的經驗，是我們一起探索出來的。雖然很多時候生疏又笨拙，但我們非常快樂。我們心底深處知道，無論在任何時刻回想起，這永遠會是我們內心珍貴的共同回憶。

移動的湖

思寧

我喜歡大海，看著海面一閃一閃，聽著浪聲沙沙沙沙，心情自然會沉澱下來。我需要很多平靜的時間，所以我常常在回家前，爬上海岸，看著遠方的燈光，過濾一天的喜怒哀樂。

潔皓是第一個給我這樣平靜感覺的人類。不過他不像大海，他更像平靜的湖，安穩而包容，映照著身邊的一切起伏，照顧著身邊的生命。

我跟潔皓在樂生療養院認識，當時樂生社區學校開辦了很多課程給社區的孩子。

遠方有哀傷，此地有我

課程的種類很多，我寫信申請擔任控窯課的助教。其實我不知道控窯是什麼，課程簡介的關鍵字有火與泥土，授課老師就讀藝術系，直覺告訴我控窯跟陶藝有關，所以我就報名了。後來我才知道控窯是烤地瓜。

潔皓是社區學校控窯課的老師。第一次見面時，他穿著白色有淺藍格子線條的襯衣，忙著用鏟挖起泥土再堆疊起來。上前打招呼，跟他說我是來幫忙的助教。他看了我一眼，說：「你是外國人。」然後就俐落轉身繼續工作。我上前追問有什麼可以幫忙，潔皓平靜地說，「只有一支鏟子，你在旁邊等小孩來就好。」

第一次見面，潔皓沒有跟我說幾句話，他都專注在照顧身邊的孩子，帶領著孩子處理樹枝，控制火焰。當看到火紅的土中有蚯蚓身影，潔皓二話不說，戴上厚厚的手套，快速撥開泥土，把蚯蚓救出來。看著手上受傷的蚯蚓，潔皓神情難過。小孩也觀察到潔皓的感情，每每看到掙扎的昆蟲，必定大喊潔皓前來營救。

控窯是火與時間的見證。我們與小孩在草地上，等到天也變得黑漆漆，終於可以挖開土窯，拿出熱騰騰的地瓜。我們把地瓜先分給孩子，孩子興奮地剝開地瓜皮，大口咬下去。孩子的眼神頓時變得哀怨，大喊：「地瓜不能吃！」原來地瓜還沒熟透。小孩們超級失望，潔皓咬了一口生的地瓜，安慰孩子說：「我們吸收這次失敗的經驗，下次便會成功。」

雖然第一次控窯沒有成功，但潔皓為孩子帶來了下次努力的動力。他像一片安穩的湖水，即使外在風雨搖曳，他也會默默幻化這些紛擾為平靜的水面。

課後我們慢慢收拾，潔皓沒有忘記泥土中掙扎的小生命，他提議在課程前幾天，先挖土，讓蚯蚓和昆蟲有時間離開。因為這樣，我們多了很多獨處的時間。一起備課時，我們談很多有關藝術的話題。我們在大學都是修讀藝術系，他主修藝術創作，我主修藝術歷史。藝術把我們兩人的心靈連在一起。我一直期待著生命中遇到可以討論藝術的夥伴，想不到在烤地瓜的場合遇到了。

即使我們在不同的地方成長，但藝術給我們的共鳴，讓我們彷彿已認識好幾個世紀。而潔皓的創作更讓我有機會看見湖的深度。藝術創作反映著一個人的內在，用生命時間累積的創作，不會騙人。能觸動我心靈的藝術家不多，潔皓是第三人。

●

我們兩人認識不久後便一起生活。我想讓家人認識潔皓，所以邀請他陪我回家一

遠方有哀傷，此地有我

個月。他之前沒去過香港，他對香港充滿好奇。我想讓他認識我成長的地方，帶他到我讀的小學，到我喜歡的茶餐廳喝奶茶，到我曾經工作的兒童畫室走走看看。

告訴媽媽我會跟潔皓回家後，她極速買了新的枕頭、毛巾、牙刷和拖鞋。姊姊擔心潔皓窩在家裡太久會有壓力，邀請我們一起去澳門作為潔皓香港之旅的另一個行程。家人熱情招待潔皓，讓我心感溫暖。

到達香港機場後，我感覺到潔皓很快樂。我們坐上機場巴士的上層，挑選了視野最開闊的位置。潔皓拿出相機，不停拍照。我在旁一邊介紹著眼前的景物，一邊叮嚀著住在家裡的注意事項。

媽媽很愛乾淨，回家要洗手洗腳。外出的衣服放在房間門後的掛鉤，要洗的衣服放在廁所的洗衣籃。我們習慣等爸爸下班回來吃飯，爸爸大概八點半回家，餓的話先吃點零嘴墊肚子。餐桌上的魚跟菜，不要客氣請盡情吃，爸爸喜歡吃的東西從來不留給其他人，記得不要客氣，想吃的東西就夾到自己碗裡。媽媽最快樂的事情，是大家喜歡吃她準備的飯菜。晚餐多吃一點，媽媽會開心。媽媽不喜歡剩飯菜，能吃的話盡量把桌上的東西吃完，不過也不用勉強。不用幫忙洗碗，媽媽不喜歡其他人洗碗。爸爸下班回家會不停看新聞台或聽古典音樂，請見諒。

我滔滔不絕地說明入住注意事項。我不知道潔晧記得多少或是聽懂多少，就是這樣，一個多小時的車程很快過去。快要到家時，潔晧臉色蒼白，他說有點暈和反胃。可能是他在車上太專注拍照，也可能是我提醒他要注意的事情太多。

我家在高樓層，潔晧在電梯內有點不安。他說小時候害怕坐電梯，我輕輕握著他的手。他堅定地說：「沒關係，可以克服。」那時沒有機會問他小時候有關電梯的經歷，要不然，我們往後的路可能會不一樣。

回到家，媽媽正在備菜。媽媽知道潔晧暈車，立即泡了一杯檸檬薑茶給潔晧喝。我們慢慢整理著行李時，姊姊一家也回到家準備一起吃飯。我和潔晧把帶給家人的手信布滿一地。媽媽喜歡農作物，我們的其中一只行李箱塞滿了有機白米和糙米。另外我們還為媽媽準備了黃金菊、椴木香菇、龍眼乾和有機地瓜。爸爸喜歡海鮮和糖果，我們買了烏魚子和手工水果糖。姊姊一家喜歡吃零嘴，我們挑選了她沒有吃過的鳳梨酥、豬肉紙、肉鬆，還有各種台灣口味的泡麵和薯片。

八點多，爸爸回家，我們準備吃飯。我和姊姊合力把餐桌拉開，餐桌要變大才坐得下七個人。媽媽煲了老火雞湯，蒸了魚，炒了菇菇雜菜，還有洋蔥炒蛋和煎豬扒。爸爸是吃魚狂人，會秒把魚吃剩骨頭。媽媽特別拿了兩個小碟，夾了兩片魚肉，一碟給姊姊的孩子，一碟給潔皓。媽媽說，潔皓太斯文，擔心他夾不到魚吃。

我們家吃飯很熱鬧，會一邊吃飯一邊聊天。潔皓沒說太多話，我坐在旁邊，邊吃邊翻譯家人的對話給他聽。媽媽看到潔皓碗裡的飯快吃完，問他：「有沒有吃飽？要不要添飯？不要客氣，飯鍋還有飯。」雖然媽媽說廣東話，但她拿著飯瓢，配上身體語言，潔皓很快就理解媽媽的意思。

潔皓雙手拿著碗，伸出來給媽媽，說了聲「謝謝」。我跟潔皓說：「飽的話，不用勉強吃。」此時媽媽拿出裝滿白飯的碗，潔皓接過飯碗的同時，手輕輕地擦掉眼角的淚。難道他因為在車上聽到我說媽媽喜歡大家吃她的飯菜，所以他那麼投入嗎？不對，潔皓當下的眼淚是那麼真誠，同時又那麼脆弱。

媽媽笑著說：「我還擔心你吃不習慣，喜歡吃的話盡量吃，不要客氣。」他很努力恢復湖面的平靜，像是什麼也沒發生過一樣。

潔皓是平靜湖，但那一刻起，我依稀理解到平靜的湖水下，或許在努力掩藏著火山爆發過後的痕跡。有些事情我當時不懂，但我一直記掛潔皓的眼淚在心頭。

消失的餅乾

思寧

跟潔皓一起生活很輕鬆自在，他為人隨和，生活的大小習慣都很好溝通，而且不會餓。我起初沒有發現他不會餓的奇異特質，因為兩人生活中，喊餓的人往往是我。我很容易血糖過低，常常投入工作，就忘記時間，隨之而來的心悸、手抖和頭暈，我就知道自己忘記吃飯。潔皓會火速為我準備餅乾麵包。我呆呆地啃食乾糧時，心想潔皓應該也會餓，邀請他一起吃，但他通常說：「我不餓，你吃。」然後他會立即去廚房煮麵給我吃。

遠方有哀傷，
此地有我

這樣一起生活真的很輕鬆愉快，大家想吃的時候再吃，沒有壓力，而且我餓的時候，潔晧都會煮給我吃。不過，後來漸漸發現我不吃的時候，潔晧很少主動吃。我喜歡在深夜寫作或畫畫，常常創作至天亮，然後睡到中午才起來，這時潔晧可能比我早起幾個小時。我爬起床時看到潔晧已經工作一段時間，卻沒有吃任何東西。以為他是在等我吃早餐，心裡不好意思，但他說因為不餓，所以沒有吃。確實有些人不習慣吃早餐，我就沒有多想。

然而，我也曾因為他「吃東西」而感到不愉快。

我喜歡買大包裝的餅乾或零食，因為大包的餅乾相對少塑膠包裝，比較環保，也比較實惠。我也喜歡在餅乾特價時囤貨，省錢讓人心情愉快。不過我發現我們家留不下餅乾零食，只要家裡有餅乾零食的存在，便會短時間消失，根本沒有省錢的效果。買餅乾就是為了吃，我總不能叫潔晧不要吃。看著空空的餅乾罐，我努力思考自己的不悅從何而來。

小時候媽媽在家裡設置了一個餅乾櫃。餅乾櫃放在餐桌旁，裡面放滿了各種餅乾零食。媽媽準備了一個密封罐，吃不完的餅乾就儲存進密封罐，讓餅乾隨時吃都能保持脆脆的口感。國小下課後，回到家大概五點多，媽媽會打開密封罐，每一款餅乾各拿出一塊放在小碟上，我可以一邊享用下午茶，一邊看卡通。這是最幸福快樂的時光。

採購餅乾也很重要。媽媽會帶我去超級市場，一起選購喜歡的餅乾。檸檬夾心餅、巧克力手指條、愉快動物餅、葡萄餅、消化餅、花生威化餅、芝士餅、梳打餅，還有我最愛的牛油酥餅。到現在我還記得各款餅乾的包裝和口味。夾心餅乾可以分三層吃，是三倍享受。包著巧克力的餅乾，要先慢慢舔走巧克力，再吃餅乾。葡萄餅上布滿砂糖，咬爆砂糖時卡滋卡滋的聲音真是美妙。梳打餅可以塗果醬和牛油，有煉乳的話就更無敵。吃威化餅最需要技巧，一層一層完整分拆，是我鍛鍊了很久的特技。

家裡的餅乾櫃就像珠寶盒，餓的時候隨時可以吃，而且可以同時享受很多口味。跟潔晧一起生活後，我也在家設置了一個餅乾零食櫃，但怎麼卻抓不住記憶中幸福的感覺。我一樣會買不同的餅乾放在餅乾櫃，但餅乾櫃永遠都會被清空，就像我的幸福永遠被掏空。

遠方有哀傷，此地有我

我開始留意餅乾消失的時間點。

家裡的餅乾往往在潔皓開始吃餅乾的時候全部消失！只要他開始吃餅乾，就會被他吃到一片不留。例如吃完晚飯後，我們會繼續坐在電視前再休息一下。通常這時候潔皓會拿出餅乾罐，一片一片吃不停。他好像內置了一個模式，要消滅家裡所有的餅乾才安心。

我擔心是否潔皓晚飯吃不飽，才要吃餅乾。當我問他：「你剛剛不夠飽嗎？」他就會幽幽地把餅乾收起來，不再繼續吃。我有試過多煮半杯米，多瓢碗飯給他，但飯後餅乾清零的行動依然存在。好像只要餅乾在他眼前出現，他就會很自然地去拿出餅乾，一塊一塊地吃下去。

為了我們兩人的幸福，我開始把新買的餅乾藏起來。巧克力威化餅放在三公斤的米後面，消化餅藏在義大利麵下面，雷霆巧克力放在鮪魚罐頭的後方。潔皓吃完一包餅乾後，隔天才拿出新的餅乾。潔皓有時也會發現躲藏起來的餅乾，這時需要冷靜地表現出驚喜：「原來家裡還有一包消化餅！收太好都忘記了。」

吃的瑣事不停累積，一起生活到第六年，我依稀察覺到潔晧不會說餓，有時也會停不下來地吃，彷彿內在失去了某種調節能力。我心裡開始出現各種問號，但一直沒有找到答案，只能繼續蒐集不同的線索。

有一天，家裡傳出神祕的聲音，咕嚕咕嚕，咕嚕咕嚕，這像是肚子餓的聲音。我問潔晧：「剛剛是不是你肚子發出的聲音？你是不是肚子餓？」潔晧一如過往：「只是肚子的聲音，不是肚子餓。」

這是潔晧的身體，他是否感到餓，他自己最清楚，總不能說太太覺得你餓。

我想起我大概四歲左右，在家裡玩積木時，第一次意識到肚子發出咕嚕咕嚕的聲音，覺得不可思議。跑去廚房跟媽媽說，媽媽很溫柔地跟我說：「這可能是肚子餓了。肚餓時，身體會發出咕嚕咕嚕的聲音，提醒我們吃東西。」然後媽媽拿出餅乾給我吃。

要是我小時候沒有人跟我說過這是肚子餓的聲音，我會知道這是肚子餓嗎？要是我小時候狂吃披薩快要吐時，沒有媽媽跟我說吃太飽會不舒服，還答應把餘下的披薩打包回家留給我吃，我會懂得遇到喜愛的食物時，不用一次吃完嗎？

遠方有哀傷，此地有我

想到這裡，眼淚就開始流下來。我感覺到遠方有源源不絕的哀傷。有些事情對我太理所當然了，讓我忘記了他人的生命歷程不必然如此。有些事情對我太平凡了，讓我忘記了問我身邊的伴侶，我想知道你的過去，即使再平凡的日常，我也想知道。

狼的一餐

潔皓

國中的時候，在國家地理頻道看見狼的紀錄片。我一直很喜歡狗，所以覺得狗的祖先很帥。出乎我意料，紀錄片描述的狼生命模式裡有句話說到我心裡：「狼不會思考下一餐，牠們打獵時會把所有能吃的獵物吃完。因為牠不確定下一餐在哪裡。」

不知為何，我對這句話產生極大共鳴。

不，其實我應該知道為什麼。我常常肚子餓。不知道這種感覺從何而來，但如果

遠方有哀傷，此地有我

身邊沒有幾包泡麵，心裡總是感覺不安心。

第一次沖到泡麵時，我覺得整個人生都改變了。熱水沖下來的聲音像是寺廟裡神聖的鐘聲，預告著三分鐘以後我可以解決肚子餓這個問題。

當能吃的時候人應該要趕快吃，即使覺得飽到要吐出來，也要努力吞下去，因為你不知道你下一餐在哪裡。如果說紙鈔和硬幣有意義的話，那就是它們可以換得這些加滿化學物的食物。總感覺這些食物可以萬年不壞，存在的時間可以比我還長久。真讓人安心。

我從來都是一個人吃飯，吃飯只是為了吃飽，不是為了交流的時刻。

小時候試過一家人吃飯，但餐桌上沒有人說話。如果有人說話，那只有爸爸在說話。我試過一直說話，不過沒有任何人想回應。後來我發現我看著電視吃飯會更有趣，至少電視上那個人感覺是在跟我說話。

所以國中那段時間，都是看著重播的動物紀錄片，配著便利商店食物或泡麵度過的。我覺得相當充實。至少我學會了很多動物的生存哲學。

狼一餐的規矩是，首領狼先吃第一口，當牠吃飽的時候，才輪到其他狼。我覺得人跟狼沒什麼兩樣。家裡地位最高的人決定所有事，和決定家裡有什麼吃的和餐桌上有什麼。人的家庭裡有老么，就是我，狼的家族裡也有老么。老么是吃最後一口飯的狼，不能決定想吃獵物哪個好吃的部位，而是吃剩下的那個部位，但永遠都會有剩下的那口肉給老么。

老么狼的功能是耍寶，換個說法是給其他狼出氣。當狼族群內有什麼衝突時，打輸的那一方總是有老么狼可以對牠出氣，而不擔心任何後果。年輕的我，雖然不知道什麼道理是對的，但我真切感受到這是真實的。老么在家裡不是談論什麼是對錯，而是承受所有結果，和殘羹菜餚。只要還是家族的一部分，老么不會死，但也沒有活得太好。

●

知道愈多狼的知識，我就對狼愈著迷。狼的社會基本上跟人差不多，勾心鬥角爭取領導地位，爭取吃到第一口肉的權力。為了最想吃的那一口，要學會拉攏、結盟、鬥爭和計算。首領狼看起來很爽，但牠的選擇會決定整個家族的存活率。是否要往那個山頭走，或該如何圍攻這個獵物，或是否要和另一個家族開戰，奪取地盤

遠方有哀傷，此地有我

要付出多少代價。說起來吃最好吃的肉和選擇配偶的優勢，可能只是小小的好處。我不知道決定整個族群生存的壓力，會不會大到讓狼掉毛。

反過來說，老么完全不要考慮這些狼屁倒灶的事。沒有狼會想找另一隻群體裡最弱的狼組小團體。老么狼基本上就是團體裡的小丑。無論誰作弄牠，牠都沒有生氣的權利。老么狼可以試著跟團體裡第二弱的狼打架，但從最弱變第二弱也沒有太多意義。人有魯蛇，狼有魯狼。

魯狼唯一的出路是看透這個群體的生存。一個群體的最大利益，就是要保存群體的生存，即使老弱也是群體的一部分。一個群體裡如果只有互相鬥爭、血氣方剛的戰士，只會加速自己的滅亡。群體重視的是相處和生活。愛好鬥爭的狼雖然是打獵的好手，但也讓人敬畏，不易相處。從這個意義來說，沒有什麼狼敢打擾首領狼看著遠方的山巔，因為沒有狼知道首領狼是在思考家族的存續，或單純只是無聊發呆。首領可以很孤單。相反地，任何一隻狼要跟老么打招呼，或是完全忽視牠，是一點壓力也沒有。

天塌下來有首領狼扛，群體如果不是一起餓肚子，不然也會給魯狼最後一口肉。這就是魯狼在群體裡的生存之道。一個家族如果沒有首領狼，會失去生存的方向，但如果沒有老么魯狼，也會加速分裂進而滅亡。

狼的生存智慧，和狗完全不同。狗的天性忠誠、付出，而狼要學會在險惡的環境中生存、鬥爭。我既愛狗也敬佩狼，兩者都給我很大的啟發。年輕的我，一直以為自己是首領狼，實際上我是魯狼。

●

餐桌上的老么跟狼群裡沒有什麼分別，你可以提議吃什麼或在餐桌上和首領狼爸爸聊天，這些舉動可以被群體視作天真可愛，也可以視作愚蠢白目，視乎你家首領狼爸爸的心情。很明顯我大多數的時候是屬於後者，說完話會覺得自己是很蠢的小朋友。但在這個家的生存就是這個樣子，重點不是你的感覺，而是他們的感覺。老么會在這個家裡生活，但不會有人在意他發生了什麼事。

餐桌上的老么要學會識相，當有親戚給你指教，你要微笑。有人教訓你不夠上進，你要說我知道了，不要爭論。爭論只會得到更多教訓。如果餐桌上你爸爸要拿你的黑歷史和痛苦和你女朋友開話題，你也只能保持一個尷尬的微笑。至少，他沒

遠方有哀傷，此地有我

把我女朋友當透明人，首領狼爸爸有給面子說話，餐桌上有笑點，雖然那個笑點是我的痛苦黑歷史。老么在餐桌上學會的不是講道理，而是生存、不要爭辯、把飯吃完。這餐不好消化，晚一點再吃泡麵。

每餐泡麵都伴隨無比的啟示：不用看人臉色，溫飽，自由以及一點點孤獨。孤獨的時候會想一些問題，例如這個孤獨感是怎麼來的，還有，以後我會不會都一直這麼孤獨。

中二的我崇拜的是孤狼，遠離群體也能活下來的孤狼。不用打交道，也不用拿自己和他人比較強弱的孤狼。更重要的是，不用踩在他人頭上，也不會有人踩在自己頭上，除了孤獨以外，不用再擔心其他感受的孤狼。

一包泡麵難道不是神奇又神聖的嗎？它可以讓你遠離飢餓，遠離群體的壓迫，還可以得到自由和感受的空間。應該要叫聖麵，三分鐘神聖麵條。

跟思寧交往的時候，我們一起認識有個宗教叫「飛天拉麵教」，概念上接近「隱形粉紅獨角獸」或「宇宙茶壺」。「拉麵」在韓國同時也有泡麵的意思。我就跟思寧說我超想加入這宗教。一半是開玩笑，一半是很認真地認為，「拉麵」是神聖的麵體，拯救世間千萬飢餓的靈魂。（而且拉麵教的先知是海盜，《海賊王》拯救世

遠方有哀傷，
此地有我

料理魔法實習生

思寧

我跟潔皓結婚後，姊姊送了一台烤箱給我作為禮物。這份禮物為新婚生活帶來很多期待。潔皓喜歡吃餅乾，我喜歡吃瑞士捲，終於可以窩在家裡也能做自己喜歡的食物。我的烘焙經驗有限，記得國中時跟姊姊一起做過牛油曲奇、磅蛋糕和芝士蛋糕，後來因為媽媽不喜歡我們用廚房，我和姊姊就放棄了烘焙。

我還記得烘焙帶來的愉悅。簡單的材料，輕鬆混合便可以轉化成意想不到的形態，像魔法一樣，讓人驚喜快樂。國中時的烘焙用具，儲存這份記憶，十五年後終於有機會再次用上。不鏽鋼的量匙和打蛋器，依然美好如初。指針磅秤有點泛黃，彈簧式的設計有點陽春，不能太精準，那就享受每次成果差異帶來的樂趣。

烤箱的開箱儀式，決定由麵包來擔任。我沒烤過麵包，只是在閱讀食譜時無限次想像過烤麵包的過程。購買麵粉和酵母後，便立即嘗試製作我們家第一個麵團。麵團發酵需要時間，我和潔晧有空便去看看麵團，檢查它有沒有長大。麵團整形的手法跟捏陶土有相似之處，做起來很親切。烤麵包需要二十分鐘，為了能欣賞整個過程，我們把烤箱放到客廳的矮櫃上，一邊工作，一邊看著麵團的變化。

當烤箱發出「噹」的一聲，我和潔晧兩人雙眼對看，就是這個時候了！潔晧戴上隔熱手套，把麵包從烤箱拿出來，再轉身拿刀俐落切開麵包。配上橄欖油和油醋，我們很開心地品嘗我們烤的第一個麵包。口感不錯，心裡小得意時，發現麵包的中心部位有點黏黏的，好像有一小部分還沒烤熟透。我心情有點失落，果然烤麵包沒那麼容易。當我在翻查食譜檢查自己遺漏了哪個步驟時，潔晧竟然沒有停口，一片又一片把麵包全部吃光。

潔晧強調麵包很好吃，完全沒有問題，看著他滿足的神情，我覺得很疑惑。麵包真的那麼好吃嗎？還是他怕我不開心，所以把麵包全吃掉？

回想起來，潔皓未曾批評過我煮的食物。這讓我感到溫暖，同時又很迷茫。媽媽曾經說過，別人稱讚你時，不是因為你好，而是對方很客氣而已。那到底是我做的麵包好吃，還是潔皓在客氣？

遠方有哀傷，此地有我

我對稱讚，感到非常陌生。家人很少稱讚我，我只記得他們說我蠢。姊姊常常質問我：「為什麼你那麼蠢？為什麼我知道的事情你不知道？」年紀小小的我不知道如何回答，只是在默默流淚。心裡不服氣，努力讀書，考試得到全班第一，很開心回家跟家人說。得到的回應是：「考第一是因為你的同學遜，不是因為你做得好。」「你只是讀死書而已。」我得到最大的安慰是爸爸說過：「雖然姊姊比較聰明，但你比較善良。」回想起來，姊姊其實也沒有考過第一，但我的成就總是一文不值。

直到大學畢業，離開學校的領域，家人也沒有欣賞過我。我記得我很用心烤餅乾給爸爸吃。自己試吃味道感到很滿意，餅乾看起來也很可愛。爸爸看了一眼，退後了一步，緊皺眉頭，扁起嘴巴說：「你烤的東西，可以吃嗎？」然後就繼續看報紙。他像是在說笑，但他確實一口也沒吃。

不只爸爸，姊姊也會這樣。我幫忙照顧她四歲的兒子，因為我不想小孩吃外食，所以與外甥一起到菜市場買番茄、洋蔥、洋菇和紅菜頭，準備跟外甥一起煮午餐。姊姊知道後第一反應是：「你煮的東西，可以吃嗎？」外甥聽到我姊姊這樣說，連忙說：「我不要吃姨姨煮的東西。」

心裡覺得很莫名其妙，爸爸和姊姊都沒有吃過我煮的東西，就已經下定論。我當時已累積不少煮食經驗，並不是第一次烤餅乾，也不是第一次煮飯。心裡雖然清楚家人對我的評價並不合理，他們總是透過貶低我來建立自己的優越感。即使我從小就不喜歡也不認同他們這樣，但家人的恥笑與鄙視，還是讓我難以對自己做出中肯的評價。

潔晧不會這樣，他喜歡一起料理，一起探索新的食材，而且他從來沒有嫌棄我料理的食物。他不會刻薄地批評，更會把我煮的食物吃光光。他讓我感到溫暖。跟他一起生活後，我煮了很多家鄉食物給他吃，甜湯是潔晧的最愛，芝麻糊、杏仁露、腰果露，潔晧都會吃完一碗又一碗。

遠方有哀傷，此地有我

每一款甜湯都是我第一次嘗試煮，總會有些不完美的時候。第一次煮核桃糊時，不幸發生黏鍋的悲劇。熬煮那麼久的料理，在最後一個步驟失敗，真讓人氣餒。看見眼前失敗的成品，像是再一次證明自己很沒用。我當下很想把核桃糊倒掉，潔皓知道我不開心，他主動從鍋子慢慢瓢出沒有焦的核桃糊，清洗鍋子，然後繼續熬煮。最後的成品有淡淡煙燻味，潔皓還是誠懇地把核桃糊吃完。

潔皓不但珍重我煮的食物，他也很喜歡一起料理。他說能自己料理是最快樂的事情。每次在廚房備菜和料理時，潔皓看起來都很快樂。他常挑戰高難度的料理，炸湯圓、炸豬排、馬鈴薯烘蛋，任何想吃的料理，他都會嘗試自己煮。無論成果如何，他總是在廚房裡輕鬆快樂。

潔皓的快樂治癒了我在廚房時的焦慮。他的包容，讓我理解到即使料理不順利時，不等於我是沒有用的人。我清楚意識到自己料理時的情緒起伏，跟家人過去如何與我相處有關。我很羨慕潔皓在廚房時總是輕鬆愉悅。天真的我，一直以為潔皓童年有快樂的廚房回憶，才能在料理時那麼快樂。然而生命過去的經歷，如何編織出現在的模樣，往往超出了我貧乏的想像。

跟潔皓相處好幾年後，發現我們在超級市場購物時，他都會提議買泡麵。不過因為泡麵太多塑膠包裝，所以我都沒有很積極回應買泡麵的建議，只是不時買一兩包放在家。而且我發現當泡麵出現在家，潔皓很快便會把泡麵吃光。我開始對潔皓的泡麵史感到好奇。

我們有一天在廚房備菜時聊起泡麵的回憶。我小時候很少有機會吃泡麵，因為媽媽說泡麵比較貴，吃白麵條比較經濟實惠，所以我只能在爸爸吃宵夜煮泡麵時可以吃一兩口。泡麵可說是我童年的珍貴食材。

潔皓聽到後，很隨意地說：「我國中期間，三年都在吃泡麵或是便利商店的便當。」我聽到時覺得難以想像：「那你什麼時候第一次自己煮泡麵？」潔皓想了一想：「大概是我媽媽不煮飯的時候吧。我那時剛夠高可以自己按熱水，我猜是國小三年級左右。」

我認識潔皓八年後，才知道即使他的家庭富裕，但小時候卻是有一餐沒一餐。他現在料理時的快樂，是脫離童年困境後的喜悅。我的困難卻被他這份喜悅而安慰，

遠方有哀傷，此地有我

我感到深刻的哀傷，同時也很慚愧。

我對不起泡麵，我對不起罐頭，是你們拯救了長期挨餓的小潔皓。現在我們到超級市場時，都會帶一兩包泡麵回家，然後放在客廳神聖的玻璃櫃裡。我要讓潔皓知道，他想吃的時候，隨時都有源源不絕的食物可以吃。

逃出糖果屋

潔晧

我一直記得那家店的炸醬麵。五歲的我常帶著飢餓的感覺，克服我對馬路和車子的恐懼去找這家麵店。

為何一定要這家麵店？因為那是我當時唯一認識可以吃飯的地方。當我對爸爸說肚子餓時，他會帶我來的地方。炸醬麵，酸辣湯。有時他不願意起床，我必須自己去麵店。

因為當時我五歲，沒有人教過我，我不確定錢該怎麼使用。我也不確定那些紙鈔

遠方有哀傷，此地有我

給了別人以後，究竟代表什麼意思。我認識硬幣，我知道五圓可以換到零食乖乖，但我沒用過紙鈔。我也不確定這張紙鈔在這家麵店，和其他地方使用起來有什麼不同。爸爸曾跟我說過這家麵店最貴的是牛肉麵，我不知道價錢，我只認得一到十。我記得我曾經獨自去麵店時叫了這些食物，但身上沒有足夠的錢。

麵店的老闆娘是媽媽學生的家長，她可能曾經跟媽媽說過一些話，可能是我太小，一個人去吃不好，也可能是我欠錢，點了的東西不夠錢。媽媽覺得很丟臉，後來就禁止我再去那家店吃東西。

晚上我總是睡不著，或在噩夢中醒來。我常看著天由黑轉藍，再翻白。聽著鳥在清晨叫，覺得肚子是說不出的餓。有時會餓到流淚。要是早上有起床的話，我記得我可以跟哥哥一起喝羊奶，那我就不會太餓。要是我沒有醒來，就沒得喝，只得挨餓到下午。現在回想，我不懂為何媽媽不叫我起來吃早餐，或留一點點羊奶給我。

爸爸白天睡覺，他藝術家晚上工作，這樣小孩才不會吵到他。白天如果我叫他，他會很生氣，包括我肚子餓。後來他就要我自己學會去麵店吃麵。當麵店老闆娘跟媽媽說了一些話以後，媽媽就要我不要再去那家店吃麵，她在家準備了麵包。那個麵包上有綠色的東西，吃起來很辣，我不敢吃，所以還是去了麵店。

媽媽對我去麵店很生氣，對我怒吼：「你不吃蔥花麵包，不然你想吃什麼麵包？」

那一刻我凍結住了。

有幾樣東西在我身體和腦袋裡快速地奔跑。羞恥。我帶給媽媽憤怒和麻煩，是因為我無法忍受我身體裡的飢餓，我不應該感到肚子餓。但我真的餓，尤其在一夜沒睡，沒趕上早餐，午餐爸爸又沒起床時，我真的很餓。當身體裡飢餓感撞上我讓媽媽生氣的感覺時，我覺得非常羞愧與痛苦，希望自己從未存在過，從未發生過這些事。

另一個感覺是疑惑。我認識的食物很少，我從沒吃過麵包，也不知道什麼叫麵包。「蔥花麵包」是那個我不喜歡吃的東西，但想吃什麼「麵包」？我連「麵包」是什麼都不懂，我不知道我能有什麼選擇。

因為不懂什麼是「麵包」，我感到困惑又羞恥，覺得讓媽媽感到麻煩、生氣，我是個很壞、很糟糕的小孩。我回答不了媽媽的問題：「我想吃什麼麵包？」我看著地上，凍結，害怕，茫然。

從那時我就常熬夜不睡，等吃早餐。早上吃東西時常狀況很差，邊吃邊睡，常

遠方有哀傷，此地有我

因為這樣打翻羊奶，讓媽媽生氣。然後我會在家等媽媽回來，爸爸跟我說短針指到四，媽媽就會回來。通常那時我才能吃到東西。有時針指到一或二，爸爸有起來的話，他會帶我去吃東西。沒有的話我就要等到四。

我記得我看著短針時的感覺。它不動。

我盡量去找一些事情不去想肚子餓的感覺，但回來看時鐘時，短針還是像沒動過一樣。我常看著它，求它趕快動。

但時間還是沒有前進，一分一秒折磨著我飢餓的感覺，時針就是這麼殘酷的緩慢。當媽媽下課回來時，我常會哭出來，我終於等到你回來了。

記得我再大一點的時候，大概是小學一、二年級時，同學帶我走進麵包店，他告訴我這個和那個都是麵包時，我帶著複雜的情緒在那家店裡不知如何自處：原來這些都是麵包。原來這就是麵包。我帶著羞愧和憤怒的眼淚，在內心裡發誓，我這輩子絕對不吃麵包。

當我人生第一次吃泡麵，我感到圓滿。那種奇怪的感受是，我終於能掌握一樣我能隨時想吃就吃，並自己完成的食物。

現在我已經自己做菜多年，時常在吃東西時，過往的羞恥感湧上來：當我覺得好吃，吃得開心，吃帶給我安慰時，領悟到我三十多年來有多痛恨吃，以及痛恨因為吃東西被成人們羞辱這件事。

●

從很久以前我就不敢看《糖果屋》這個故事。漢賽爾與葛麗特是真實的故事。它記錄了中世紀大饑荒裡，父母遺棄兒女，並啃食人肉。

這個故事訴說了人類共同的悲慘命運。任何人出生在那個世代裡，都可能是漢賽爾與葛麗特。為了生存，你必須學會：被遺棄之後存活下來，在飢餓之中餵飽自己，在奴役之中保持清醒，在殘酷之中保持人性。

漢賽爾與葛麗特承受父母拋棄自己的打擊，用機智擊退了第一次被拋棄的命運，但躲不過第二次被拋棄的命運。兩次被父母拋棄是絕對的絕望，但在絕望中，葛麗特並沒有拋棄對弟弟的愛與人性，在飢寒之中把自己的麵包分一半給漢賽爾。

漢賽爾的麵包則在試圖破解殘酷命運的過程裡被揉成一團團麵包屑，被森林裡的動物吃光了。兩人在失敗與絕望之中，遇見甜美的陷阱：糖果屋。

遠方有哀傷，
此地有我

糖果屋的老婆婆下藥將兩人昏迷，囚禁漢賽爾，奴役葛麗特。漢賽爾在牢籠中，變成饑荒中最飽足也最恐懼的小孩：每天與其他小孩的死屍為伍，手掌心裡緊握著另一個孩子的手指骨，作為保命的精神寄託。生存與死亡，只存在一線之間。

葛麗特則在老婆婆的奴役下，變得沉默而幹練，等待著機會，改變姊弟共同的命運。當葛麗特殺死老婆婆時機到來，她下手毫無猶豫，代表這件事已在她心裡演練了無數次，也代表她在監禁與奴役的絕境裡，從未放棄希望。這份希望，是人性在黑暗中的光芒。

葛麗特釋放自己及漢賽爾時，驚訝地發現，漢賽爾已經長大了，代表葛麗特也長大了。兩人經歷殘酷的折磨，究竟已經過了多少時間，故事並沒有清楚交代。也許這段時間象徵的是殘酷的虐待在孩子心裡如同永恆般的影響。

故事的版本隨著時代經歷多次的更動，每次我們也許都可以從更動的內容推測，更改是為了讓故事少一點殘酷。但這個故事歷久不衰傳承下來，是因為故事的內容，從未在我們的身邊消失。

黑暗是我們生命的一部分。即使你未曾遭遇被遺棄與飢餓的命運，你也能領略其中的寓意：被拋棄孩子的痛苦，以及面對飢餓殘酷命運的無奈。

我過去常常過著一天當中只能吃到一餐的飢餓之苦。我原生家庭是富裕的，富裕人家的飢餓小孩，聽來不可思議，但卻也發生了。問題不在財富，而在無愛。我活在糖果屋裡，在恐懼中既飢餓又飽足。

我在殘酷的命運裡試圖要保持清醒與人性，但成長的挑戰讓我跌跌撞撞。困境裡總是衍生更多困境。在飢餓中成長是件非常孤獨的事情。就像漢賽爾緊抓著另一個小孩屍骸的手指骨，在牢籠方寸之地中，試圖努力說服自己：「我明天還會活著。」

成長，倖存。遠離童年之後，童年依然如影隨形。沒有人教我們路該怎麼走。也沒有人告訴我們路會通到哪裡。我們就像在無止境的森林中摸索。無月的黑夜裡，星光遙指方位。有時連黯淡的星光也不存在。我們走對方向嗎？何時能走出這片森林？黑夜沒有回應。

遠方有哀傷，此地有我

黑暗的森林不只存在童話中，也在我們的內心深處。生命中的創傷緊緊跟隨著我們，讓我們生命磨損。在黑暗中摸索，總會不禁懷疑：黑夜何時可以終止，黎明何時會來？

當我要把我過去的故事告訴思寧的時候，我充滿掙扎。我一直以為自己已經逃離那段痛苦的回憶很久了，但說出來的時候，我還是充滿著恐懼和痛苦，好像每塊麵包屑、每顆小石頭都在提醒著我，我還在森林的小路裡，糖果屋的牢籠還沒打開，而我隨時都可以是那塊枯骨。

「他們緊緊抱住彼此，陽光普照，照在這對姊弟身上。」漢賽爾與葛麗特走過成長創傷，如同走過死者的國度。重回人世，如同初生嬰兒，帶著前世回憶，重新感受這世界。

留存黑暗童話的寓意，並不只是為了留下黑暗，而是在點出人類在黑暗的前途摸索中，保有人性光輝的可能性。

人生中我們總會遭遇黑暗，但我們可以一起走出這片黑暗的森林。

第二章

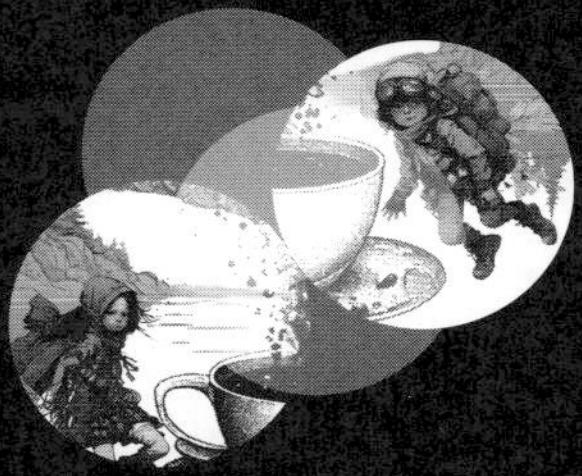

床上床下的生活

把伴侶泡進濃縮咖啡

思寧

世界末日來臨前，你會做什麼？我希望能跟潔晧一起喝濃縮咖啡。

濃縮咖啡是我每天生活的開關。早餐的意義，是為了不用空腹喝咖啡。我從來對早餐沒有太多期待，但我會期待出門喝濃縮咖啡。從小我對早餐沒什麼好的回憶，為了不要麻煩到媽媽，不吃早餐真的沒有關係。不過自從喜歡上咖啡後，早餐便有了意義。

早餐的考慮，最重要是快、簡單、填飽肚子。我喜歡每天重複樣式的早餐，反正還沒喝咖啡前我沒辦法想太多事情，可簡易烹調每天重複的早餐正合我意。

起初跟潔晧一起生活，我們住的雅房無法煮食，所以我們會到樓下的早餐店吃早餐。剛來台灣讀書時，很喜歡到早餐店吃各式各樣的餐點，各款沒有吃過的口味我都會想嘗試。直至我們搬到有共用冰箱的雅房後，我和潔晧才有機會開始自己做早餐。

第一代的早餐，是全聯最便宜的吐司，塗上花生醬，排上切片香蕉，撒上肉桂粉。後來潔晧從老家的房間深處找到一台烤吐司機，我們的早餐就升級到烤土司酥酥脆脆偉大口感。不過因為每天吃烤吐司太上火，結果我們不停長痘子，不得不進化到第二代早餐。

第二代的早餐同樣是快、簡單、好準備的組合，我們的選擇是煮麥片，再配上芝麻醬、切片香蕉和小麥胚芽。第二代早餐的好處，是隨時可以配搭亞麻籽粉、紅薏仁粉、啤酒酵母、核桃、葡萄乾等配料，早餐的口味也有較多變化。

潔晧對吃很隨和包容，不挑剔，而且在吃早餐時常散發著快樂的氣息，讓一天有快樂的開始。相對我把早餐看待為喝咖啡的熱身，潔晧對早餐往往多了一份心思與熱情。有時我還在床上翻滾不願起來，卻傳來潔晧洗洗切切的聲音，我就知道他在

遠方有哀傷，此地有我

準備超級美味的早餐。

潔皓做的早餐都非常精緻。他知道我喜歡吃沙拉，早起來的他會準備好沙拉和三文治的食材，再叫我起來。他很會用刀，可能是源自他做雕塑經驗，他會把番茄和小黃瓜切成一片片晶瑩透光。他很享受切食材的過程，在他身邊會感受到煮食的愉悅。這對我是陌生的感覺。我媽媽在廚房時大多是在怨恨中，我害怕待在廚房。看見潔皓快樂地做早餐，讓我感覺很夢幻。

除了番茄和小黃瓜，潔皓還會準備沙拉菜。沙拉菜對潔皓是陌生的食材，我介紹他吃芝麻葉、羽衣甘藍和蘿美心，再配上亞麻仁油和油醋。這清甜辛辣的味道，卡滋卡滋的清爽口感，成為他的心頭好。兩人一起生活，最快樂的事情是互相分享喜愛的食物，透過食物認識對方的成長、過去的回憶，還有各自的文化。這就像把我的世界分一半給他，兩人一起讓本來的世界變得更豐富、更多姿多采。

準備好了番茄、小黃瓜和沙拉菜後，我會聽到潔皓烤潛艇堡和煎雞蛋的聲音，我就知道我要起床，不要再裝睡。熱騰騰的麵包，塗上芥末美乃滋，夾上雞蛋，切好的番茄、小黃瓜和沙拉菜，真的超級美味。

跟潔皓生活很有趣，只要我做過一次的早餐，或是我們在餐廳吃過的口味，潔皓都會做得更細緻、更有質感，而且他會發展出獨有的調味和料理方式，不會受傳統的烹飪方式限制。特別是我們住在雅房，煮食不太方便，但潔皓還是很從容做出非常豐盛的早餐。

不論是豐盛的早餐，還是簡約的早餐，總要配上咖啡才完美，而且是一杯濃縮咖啡。剛認識潔皓時，他不是咖啡人，他只認得三合一即沖咖啡。若能跟他分享喝濃縮咖啡的快樂，生活將會更加完美。不過濃縮咖啡說不上是很多人的喜愛，潔皓會否喜歡，我沒有太多把握。

我很想把潔皓泡進濃縮咖啡的世界，不過不能急，因為要先找到好喝的濃縮咖啡。幸好潔皓對食物總是保有好奇與開放的心態，在台北尋找好喝的濃縮咖啡成為我們約會的一大樂趣。

●

濃縮咖啡說不上是香港的文化，我與濃縮咖啡的緣分是在義大利旅行後開始。大學畢業工作幾年後，我和姊姊存了一些積蓄，安排了爸爸媽媽的義大利之旅。小

遠方有哀傷，此地有我

時候家裡經濟不算富有，一家四口住在約四坪多的公共房屋內，爸爸媽媽一直為生活努力工作，從來沒機會遠行，所以我和姊姊一直希望有機會帶爸爸媽媽去歐洲旅遊。

這看似孝女報恩的溫馨故事，我們在出發的第一天便吵架了。當時我們身處羅馬火車站，因為火車班次誤點，影響了原先的行程安排。當我們在討論行程的調整策略時，爸爸媽媽姊姊在談不攏的狀況下，各自往三個方向離開，留下我一個拿著火車票站在原地。我當時非常震撼，爸爸媽媽不知道行程，語言也不通，到底為什麼要暴走！

我不喜歡吵架，也不喜歡情緒高漲地談事情，但作為家中年紀最小的一員，說話往往沒有什麼影響力。他們要吵的時候，阻止不了他們。有困難還是要解決，我立即追著外語能力最弱的媽媽，再跟姊姊會合，然後在附近找了一家咖啡店等爸爸回來。我當時情緒混亂，隨便點了三杯咖啡。其中一杯誤打誤撞點了濃縮咖啡，而這杯咖啡改變我的人生。

之前在香港嘗試過喝濃縮咖啡，但覺得刺喉難受，只喝過一次就沒再試過。身在義大利再次與濃縮咖啡相遇，意料之外，眼前的濃縮咖啡很順口便滑進喉嚨，並且慢慢有回甘的感覺。最神奇的是，剛剛的鬱悶慢慢消散，心情變好，也想到安撫三位同行者的方法。自此，濃縮咖啡變成我的靈魂食物，沒有什麼是喝完濃縮咖啡後解決不到的事情。義大利旅途期間，我在每天兩杯濃縮咖啡的陪伴下，克服了不少與家人相處的難關。

濃縮咖啡也意外成為我與潔皓之間重要的連結。起初把自己最喜歡的食物介紹給伴侶時，心情隱約有些忐忑不安，擔心喜愛的東西被對方嫌棄，也會擔心沒辦法分享這份喜悅。潔皓很愛嘗試，他都會跟我一樣點濃縮咖啡。遇到好喝的濃縮咖啡時，我們會從顏色、口感、層次到後勁細細互相分享。慢慢潔皓也有自己對咖啡的看法，有自己的選擇。濃縮咖啡成為我們生命中的重要成分。

潔皓也因為喝濃縮咖啡出現了一些有趣的轉變。剛認識他的時候，他話不多，但我覺得我懂他。我透過他的藝術作品認識他的靈魂，理解他的內在。藝術創作反映著一個人的核心，所以即使潔皓話不多，但我感覺我懂他。潔皓喝濃縮咖啡後，話變得比較多。我喜歡聽潔皓說話，我想知道他的想法。我很享受兩人喝咖啡後的對話時光，我們永遠有說不完的話題，也一起編寫了無窮無盡的幻想故事。

因為濃縮咖啡，我和潔皓多了共同的喜好，也有無盡的對話。

生存獎盃

潔晧

每天只吃一餐的生活，不是一般人可以忍受的。雖然這是我上小學以後，才真正感受到生命可以如此美好：原來人一天可以吃三餐。不用擔心，也不用等待。時間到，食物就會出現在你面前。如果有天堂，應該就是這樣。

上小學前，為了減輕自己的痛苦，我學會等待早餐。有點像狼狩獵一樣，耐心、伏擊、等待，只要時間到了你還保持警覺，食物就是你的。

為了伏擊自己的早餐，我常保持徹夜不睡，以免錯過這珍貴的一刻。究竟是

遠方有哀傷，此地有我

二十四小時的飢餓恐怖，還是二十四小時的無眠恐怖，我分不出來。但這是當時我唯一能做的努力。

黑夜中唯我獨醒的感覺很奇特，那時候我還不懂什麼是世界，什麼又是孤寂。但我感受到黑暗包圍著我，如果不想被它充滿身體，唯一的方法就只能用力睜開眼睛。這個方法很有效，不到幾分鐘，就可以看到黑暗從你眼前退去，留下一個灰暗、單調的房間。

單調而孤寂的感受雖然可以說無聊，但這至少不是一個難以掌握的世界。我不想在黑暗中飛起來，又再墜落。只要眼睛用力睜大，我就不會被黑暗拉進深淵。如果這世界上有仁慈，那就是讓我疲憊的眼睛慢慢闔上，讓我睡著。不行，我要保持清醒，狩獵我的早餐。另外一個世界沒有早餐，也沒有快樂。如果被它抓住，只有壞事，而且醒來只剩明亮的飢餓。

生存的本能教我要戰勝睡意，徹夜清醒狩獵到早上六點二十分這個準確的時間。這是一場漫長的戰鬥。如果看到窗外的深紫色變為深藍色，心裡就自然會升起一股喜悅：就快贏了，贏過黑暗、贏過夢魘、贏過疲憊和飢餓帶給我的折磨。孤單的戰鬥一點都不算什麼。早餐，早餐！贏得早餐的人會獲得一切！

五歲的我是真實這樣感覺。戰勝黑夜的恐懼、戰勝漫長的睡意、戰勝夢魔的恐懼，我終於看見黎明，就只差一步，只要走下床，我就能得到生存的獎盃。

早上八點鐘的陽光是最讓人痛苦的，雖然我還不懂痛苦這兩個字的意義，但我的身體很清楚。如果我在八點鐘醒來，就代表我在黎明前睡著了。我以為我聽見的是勝利的麻雀唧喳叫聲，但實際上我聽到的是睡夢裡欺騙我的鳥叫，一夜努力白費。清醒的陽光無法讓人喜悅，而是代表如刀割般清楚的飢餓感，還要持續八小時。加上昨夜奮鬥付水流，留下一道深刻的教訓：睡覺的人沒飯吃，活該餓肚子。

這是一場祕密的戰鬥，既漫長又光榮，刻畫在我身體裡，在記憶裡塵封。床上生活是戰鬥，床下生活也是戰鬥。狼不問生命是否殘酷，只問是否存活。

清晨的陽光不是生存的獎盃，食物才是。陽光只是獎盃上的餘光，盯著讓人昏沉，睡意籠罩，漸漸失去意識。如果在吃完早餐睡著，那這一天就是仁慈的。但它也可以是一場生存戰鬥的延長賽，延長到十二點。中午有第二次機會，叫醒爸爸，出去吃麵。前提是他會醒，而且不會生氣。

延長賽有輸有贏，總之不要失去鬥志。我不知道別人成長的戰鬥長什麼樣，我只知道生存戰鬥是密不停歇的。無論輸贏，下一場戰鬥馬上就到眼前。

遠方有哀傷，此地有我

其實很想說：「阿姨，我不想努力了！」只是我沒有阿姨。還有人在等著，我必須努力。這樣的時間我大概經歷兩年。

●

「孤獨」這個詞是小學之後才學會的，學會之後心情有點複雜。心裡像是被扎了根針，但不知道怎麼跟人解釋。該問身邊的同學：「你昨晚有睡覺嗎？」還是問：「你有沒有吃過早餐？」小學生有這種困擾嗎？社會課本裡的媽媽忙打掃，爸爸看書報到底是什麼樣的家庭景象？為什麼插畫裡的每個人都面帶微笑，這樣的家庭真的存在？當學校社會課教愈多關於「家庭」的事，我愈覺得疑惑：為什麼要教錯的事情？

小學的建築都是白色的，又大又安全，我可以走來走去探索，每個人都帶著微笑，還可以吃到午餐，這裡就是天堂。但即使是在天堂裡，我還是有種格格不入的感覺。這裡應該是個沒有煩惱的地方，不應該把煩惱帶到這麼好的地方。但我總感覺有東西拖著我的後腿，不知道該怎麼向人解釋。你們晚上都睡得著嗎？平常在家都可以吃三餐嗎？都可以住在家裡嗎？家裡都沒有很恐怖的人嗎？有種奇怪的愈描愈黑的感覺，怎麼面對別人和說明自己，我常常一團混亂。

不過有件事倒是很清楚，那就是社會課本上面有錯。家裡的爸爸和媽媽是不會帶笑容的，只有在面對陌生人的時候才會有笑容。不然就是有個男人和女人，戴上稱為「爸爸」和「媽媽」的笑容面具，和我生活在一起。

但心裡對社會課本的這個疙瘩還是不敵午餐的生存獎盃。至少在學校的小孩不用擔心課本上的錯而挨餓。無論睡得好不好，我都可以跟那個稱為「媽媽」的女人去到學校，然後吃到早餐和午餐。這才是生存的真義，不問對錯，只問食物。

學校到底是個能不能睡覺的地方，我不是很清楚。不過我常在課堂上失去記憶，或者上課的時間，老師把我叫起來，突然就變成下課的時間。老師就要我去找媽媽，等她下課一起放學。在這白白的天堂裡，我得到一個天啟：無論如何，早餐和午餐都不會跑走，我不用再憂慮。

我在這些奇怪的經歷裡，磨練出一些奇怪的技能，例如說保持二十四小時的清醒，抓住一閃即逝的生存機會，然後再睡二十四小時。以環保的眼光來看，相當節省能源。但如果要我再來一次，我絕對不想。

遠方有哀傷，此地有我

跟思寧在一起之後，早餐開始從隨便吃轉變成討論想吃什麼。一開始我們探索台灣各種奇特的早餐店，從樓下四十元的番茄漢堡到鹹豆漿飯糰，早餐變成一種探險。帶著新的心情看思寧吃台灣早餐的各種奇異表情，及以台灣人的身分說明這些奇特的食物成分，很有樂趣。

「這是奶茶嗎？你確定這是奶茶嗎？」思寧受早餐店最大的衝擊是這個。沒有茶味的奶茶，對香港人實在是太衝擊。她今天還是會問我：「你確定裡面有茶嗎？」我會說：「沒有，『奶茶』只是它的名字，就像有些貓名字會叫『奶茶』一樣。不要太認真。」

後來我到香港點了奶茶，我才能了解思寧文化衝擊的點在哪裡。香醇紅茶味加奶香的比例，每家茶餐廳各有自己的配方。雖然我也喜歡台灣的珍珠奶茶，但是太太教會我一件真理：香港的奶茶是中年大叔，是久煮的佬，而台灣的奶茶是少女，充滿奇幻的甜味。同一個名字，內容大不相同。

人生也是，同一個名字，內容大不相同。我的早餐，和其他人的早餐內容大不相同。雖然我們有一起探索早餐店很快樂的時光，但有時醒來我還是被過去的感覺牢牢抓住，無法清醒。每次我要向人解釋生存的艱難，總是被投以奇怪的眼光，好像我是哪個平行世界的生物。我要跟別人解釋能吃到三餐是多神聖珍貴的一件事，總覺得大家都會錯意，以為我只是很貪吃。

你的早餐不是我的早餐，我的早餐成分裡，包含著珍貴的生存元素、活下來的喜悅和飢餓的痛苦。能理解這件事重要性的人，大概只有思寧。無論我們何時吃早餐，這份早餐都包含著我們對過去痛苦的尊重、對生存的喜悅，以及不再孤單的承諾。

偶然消失的一天

思寧

我跟潔皓認識不久後便開始同居生活。簡簡單單，但兩人的生活充滿快樂。一起窩在小雅房，共用一張單人床，兩台電腦擠在同一張小書桌，心裡也覺得滿足。研究所畢業後，我們兩人都在家工作，可說是二十四小時朝夕相對，只要是潔皓清醒的時候，我們的互動都非常愉快，不會有爭執。衝突往往在只有我一人清醒的時候出現。

一起生活後不久，我慢慢發現潔皓的睡眠習慣跟我不太一樣。一般來說，他比我需要更長的睡眠時間。我比較早起的話，就先做早餐，讓對方睡飽。除非有預先安排的外出行程，否則我不會主動叫醒他，睡到自然醒是我們家至高無上的真理。

遇到潔皓需要睡久一點的時候，我的三餐就需要彈性調整。兩人一起生活，一起吃三餐比較簡單，一起吃飯也比較快樂。我會簡單先吃塊餅乾，等他起來再一起吃早餐。困難的是天黑了，他還在睡，我就會有點不知所措：去準備晚餐好，還是等他起來一起吃早餐好？如何界定一天的開始變得愈來愈困難。

即使潔皓早上醒來，不等於我們的三餐時間會正常，因為潔皓不時會突然斷電，進入睡眠模式。好幾次我在洗菜煮飯，準備一起享用大餐，但他卻突然昏睡在床上。突如其來的睡意，讓我感到錯愕。他知道我在準備飯菜，去睡覺代表他不在意嗎？還是他真的很累，不睡不行？

大多時候他真的是累了，他會睡很熟，叫醒他好像很殘忍，我會不好意思。讓他繼續睡的話，會吃少了一餐。瘦瘦的他，常常吃少一餐好像不太好。我也會憂慮他太早睡覺，打亂本來的睡眠節奏。睡眠作息亂了，往往要好幾天才能把時間調整回來。而且我希望跟他共享熱騰騰的飯菜，所以我還是會忍不住叫醒他吃飯。他醒來後大多會立即表示歉意，說不好意思睡著了。然而累還是累，他吃一吃還是會很

遠方有哀傷，此地有我

睏，得離開餐桌，繼續去睡。

冬天來臨時，一天的界線會更模糊。潔晧很怕冷，天氣寒冷時一旦入睡，他更會進入冬眠狀態，睡十多個小時都還沒起來。有時他睡太久，動也不動，我會擔心他是否昏迷了，試過不少次我在他熟睡時檢查他的脈搏，確認他呼吸是否正常。我安慰自己或許是文化差異，說不定這是台灣人冬天的睡眠習慣。

●

睡是問題，不去睡也是問題。記得好幾次醒來時，潔晧還沒睡。天已經亮了，他卻像停不下來的馬達，撐起眼皮持續運作。無論是不停畫畫，還是打電動或看影集，他就是無法感到疲累，無法放鬆休息。有時他躺在床上，閉起眼睛，左轉身右轉身，然後就會彈起來找事情做。無法入睡的他，會一直運作一直運作，直到自己累倒為止。睡不著對他是很大的困擾，精神累了，身體卻無法休息很辛苦。

嗜睡與失眠的交纏，無聲地吃掉一天。生活就是如此地互相牽連。消失的早餐，帶走了兩人外出的咖啡約會。晚餐的缺席，反映著亂序的生活。剩下的飯菜往往牽動我的心情。我理解兩人共同居家工作有不少需要互相協調的地方，但我還是會因為生活節奏出現不預期的變動而心情鬱悶。

每個人的生理需求和睡眠習慣本來就不一樣，我無理由因為兩人的睡眠習慣及需求而鬧不愉快。潔皓確實很容易感到疲累，個人體質是其中一個因素，天氣也是明顯的關鍵，但我隱約感覺到有其他事情在影響他的作息。

我曾猜想他是否受到父親的影響。他爸爸是藝術家，潔皓曾說過，不論爸爸是在創作還是在睡覺，任何人都不可以吵他。父母對潔皓的影響有多大，我不知道，但當時天真的我認為子女成年後靠理智便可擺脫父母的影響，現在回頭再看自己的想法，才知道這想法不但無助我面對兩人生活的衝突，更阻礙了我認識自己與家人的關係。

潔皓的睡眠習慣與失眠狀況，漸漸成為兩人生活節奏的主調。我察覺到自己持續因為潔皓的睡眠節奏感到失落。不論潔皓突然睡覺，還是徹夜未眠，我的身體會自然湧出不愉快的情緒。

這讓我感到害怕。我明明理解他不是故意的，人累了去休息很正常。潔皓可能一整天太用神畫畫，晚上一放鬆就會很疲累。也可能他前天沒睡好，比較早休息也很

遠方有哀傷，此地有我

正常。無法入睡的話，他也很痛苦。我知道他也受到失眠所困擾。

我不得不細細思考到底我的感覺因何而來。愈想就愈不妙，我媽媽不是常常因為三餐而生氣嗎！一想起來胃就開始抽痛。

我媽媽是家庭主婦，廚房是她的聖地，三餐是她堅守的價值，也是牽動她情緒的開關。每天她都會很用心煮飯，她做的飯菜很好吃。她會期待家人可以準時吃飯，不論晚了回家，還是吃剩飯菜，她都會有情緒。某程度這也合理，媽媽的付出應該得到尊重。不過這也成為我從小無法舒緩的壓力。

若是因為工作無法準時回家，或是吃不完所有飯菜，在我家是很嚴重的事情，媽媽大多時候會有很多情緒。她可能會很生氣，也可能會不停碎念。這時候我會很難受，因為沒有任何事情可以安撫媽媽的情緒，她只會爆炸，不停爆，繼續爆，而一家人只能默默承受這種情緒轟炸。

我起初以為每個家庭都是這樣的，但好像不是。當我第一次知道我的朋友臨時決定不回家吃飯，輕鬆打電話回家跟媽媽說便可，竟然沒有任何後果，這對我十分震撼。我第一個反應是原來我的朋友很強，她不怕，但不是，對她而言，實在沒有什麼好怕。她的媽媽對臨時不回家吃飯和剩下飯菜不會生氣。我感到很驚訝。原來有媽媽是不生氣的。

我在香港期間，長期胃痛和拉肚子。我一直以為這是我的體質，因為從小到大都是如此。直到我離開香港到台灣生活，胃痛和拉肚子的狀況都消失了，難道我在香港水土不服？但每當我回香港的前幾天，腸胃問題又會再次出現。直到三十歲我才意識到，媽媽對三餐的情緒影響我那麼深。

跟潔皓一起生活後，兩人的過去牽引著我們現在的生活，不停在拉扯自己的後腿。我想好好走路，自己的腳卻不停絆倒自己。我慢慢意識到潔皓的睡眠作息是長期困擾他的事情，是需要被關心和理解的痛苦。而因為他的生活習慣，我得以看見自己跟媽媽之間的困難，釋放自己遠離媽媽的價值與選擇。我想過屬於自己的人生，選擇與伴侶共度舒服自在的生活。

只要你不困擾，就沒有人困擾

潔皓

我的原生家庭給我留下一個深刻的奇異感受：「只要你不困擾，就沒有人困擾。」小時候我搞不清楚：是不是只有我會餓，還是別人都不會餓？為什麼別人都能睡覺，我都睡不著？我得到的答案是，只要你不餓，就沒有人餓，只要你睡覺，每個人都能睡覺。但我還是餓，我只是盡量告訴自己我不餓，不要帶給父母麻煩，要躺在床上，不要下床，不要帶給父母麻煩。但我還是又餓又累。

他們說睡覺是種休息，但我卻常常在噩夢中被折磨，起來有種恍如隔世般的疲累。啊，我又回到人間了，原來不是地獄啊。身體還留有疲憊感，不過我知道眼睛只要再閉起來，馬上又會再回到地獄。

那時候我喜歡待在浴室裡，感覺很安靜又安全，但待太久會被叫出來。半夜睡不著的時候，我會假裝要上廁所，那是我可以離開床，但是不會被罵的時候。有時候我會在馬桶上坐著睡著。有時候早上的時候，他們會發現我在浴室門口，而我沒有半點記憶。

常常想說，這麼折磨又孤單的感覺，如果思寧可以懂就好，但轉念一想，我完全不想她遇到這種折磨。所以簡單就好，說給她聽。雖然要解釋清楚很複雜，但我知道她願意聽，也願意理解，我就感覺到安慰。

很多時候我不想再把噩夢說一次，雖然說一次有助於排除那個恐怖的感覺，但再說一次感覺就像又再經歷一次。當那個噩夢包含殘酷的過去的時候，就更不想講。實在很難向別人解釋，我每天晚上夢裡的情境。

更差的感覺是，當我試著解釋完以後，聽的人露出一個輕蔑的微笑說：「不過就是夢，有需要那麼難過嗎？」有太多次我試著要說明自己很差的感受，卻發現說出來後得到更多鄙視和羞辱。後來我學會不再說明。說愈多，感覺愈差。尤其是別人完全沒有的困擾，例如噩夢，說出來愈容易被嘲笑、羞辱。

遠方有哀傷，此地有我

回憶起來，處理噩夢真的是一道難關。像是腦袋裡只有自己知道的一道鑰匙，要抓住它之前，它就消失了。

學習創傷知識之後，我和思寧才理解到某些特殊的狀態會影響睡眠。人處於創傷狀態時，腦內會釋放壓力荷爾蒙，而壓力荷爾蒙會讓人無法入睡或從睡眠中驚醒。畢竟壓力系統是為了保命而存在的系統，而多數長期受虐的兒童都處在這種狀態下成長。

基本上開始要準備聯考之後，我就沒再和家人吃過飯。我時常放學就直接睡覺，到半夜一兩點起床，開始讀書。家裡冰箱永遠會有吃剩的食物和便當，不然也有泡麵跟麵包。反正所有的困擾都是屬於我的困擾，也只有我能面對，所以我不如自己面對。當我有說不出口的話時，我就會逆轉自己的時間，讓自己一個人獨處。

那是一段非常艱苦的時期，既要準備每天的考試，要每天被老師和同學評價，還要每天做噩夢。雖然沒有人在意，但我還是一個人撐過來了。畢竟這跟小時候沒有太大差別，而每個人還會告訴你，想要掌握自己的人生，就要靠聯考。

第一次的聯考很順利，我也抱持著希望，相信付出生命的能量準備考試，生命會變得不一樣。學校是安全堡壘，雖然跟一開始認識的天堂不太一樣。這個場域逐漸轉變成用成績來評斷一個人存在的價值。雖然我國中在學校的時間常在昏睡，但成績這件事對我並沒有太大的難度，我持續保持在前三名的程度，考上這個地區的第一志願。

我覺得高中應該可以複製這份努力，如果再努力三年就可以掌握人生，那麼是不是一直以來的痛苦會有個答案及解脫？這一連串的付出我覺得最辛苦的，不是半夜自己一個人讀書，也不是無法安睡與休息，而是努力的過程裡毫無安慰，也無目標。當時的我找到一個折衷方法，那就是把學校當成一個主要生活的場域，所謂的「家」就像個孤島飯店，回家吃飯睡覺，打打電動，醒來就會再回到學校繼續生活。

要做到這種程度，要有些特殊的環境條件，那就是學校不能太難過，而我需要有喜歡的老師，把他或她當作我的目標，把老師的話放進心裡當作自己努力的理由。

遠方有哀傷，此地有我

除了國小的老師，老師通常不願意和學生建立過於親密的情感。所以漸漸地，這份情感變成放在我心中沒有說出口的依靠。這是一份真實的期待，期待老師是個好人，而他說過的話都是真心的。因為這份情感的投射，所以我願意相信，我在這段時間所做出的努力會得到一個結果，無論它是什麼。

當時我還不知道，我要為將信任放在另一個人身上而付出極大的代價。

在高中的時候，我把情感投射在一位博學的英文老師身上，我相信他的價值與學養，我想把生命的力量放在他告訴我們的方向上。某天，他上課進來第一句話，就告訴我們：「你們讀書是沒有用的，因為你們考不上公立大學。」整件事情出乎我意料之外，我沒想過我崇拜的老師會對我們這樣說話。究其原因，大概是某個同學去問了他未來升學出路之類的事。無論如何，這句話深深傷害了我。噩夢開始再度活躍起來，我又開始進入無法入睡的狀態。

所有的戰鬥都是隱密的，只有我知道這場戰爭有多慘烈。「只要你不困擾，就沒有人困擾。」無論是食不下嚥，或是夜不成眠，都是我個人的問題，聯考不會在意你有多少痛苦的過去，它只會看見你的分數。雖然最後我還是考上公立大學，但我不覺得有得到任何勝利的感覺，我只覺得自己殘破不堪，但這些破洞沒有人會去填補。

去到大學的我，只有更多憤怒及不安。為什麼每個人都能安然入睡，次日平安醒來？為什麼每個人都能心無旁騖，為課業、工作而努力？為什麼都能露出笑容，毫無煩惱？青年的我整個人幾乎是由無眠與夢魘構成的，而世界是由謊言組成的。我學了很多打坐、平靜身心的方法，以及閱讀、聽取許多宗教類的勸導。客觀評價這些方法，對我就是種雞肋般的存在。總覺得自己說不完的煩惱和痛苦，卻被簡化成幾句話、幾個呼吸就可以消除，有點火大。這種互動好像回到跟自己家人相處的感覺，這些問題就是我自己的問題，我應該好好配合大群體，消除自己的感覺，不要再談。「只要你不困擾，就沒有人困擾。」

●

無眠這件事情，感覺就像個詛咒。若有能人能解開，千里迢迢我也會想請教。但我心中隱約知道，這不只是單純無法入睡的問題，問題是出在我的過去，似乎發生了什麼事，讓我每天夜裡處在孤軍奮戰的狀態下。我試著努力去回想，但每次在記憶的邊緣，好像又再次遇見自己過去劃下的圍欄，給自己一個紅色的警告：「不要再過去！」從這邊界再望過去，就只是一片模糊和空白。但這疆界是什麼時候劃下，又為什麼要劃下，我一點也記不起來。

和思寧同居的時間愈久，這個困擾愈清楚浮現。我開始跟她分享我的夢境。一開始她聽不太懂我為什麼要說這些，我也覺得不知要從何開始解釋。我憑藉一個過去沒有的信心：我想知道她的感受，我相信她也會想了解我的感受。這是場心靈的大冒險。

《西藏夢瑜伽》裡面教導人們，在現實中尋找夢的性質。我覺得學習將現實視為夢，或在夢境內尋找現實是一個十分有趣的練習。

夢境多數人看輕它，是因為我們以為它與現實無關，或無助於現實。但夢境就是我們內在的精神狀態，無視自己精神的狀態，只是貶低了自己的精神在現實中的重要性。我們應該學習如何討論夢境，但你也會發現夢境十分隱私，和你最親密的人與生活環環相扣，所以最好的討論對象，是你最親密的人。學習如何用言語表達及尊重他人的夢境，是親密關係中精神交流更為緊密的重要途徑。如果你有過與親愛的人談論夢境後，感覺到關係更為親密的經驗，自然也會同意夢境是會影響現實的。

夢境變動的程度與方式非常大且快速，但都是建基於過去的經驗及每天發生的生活而產生的。你會發現一個成長中的兒童生氣勃勃，對所有事物充滿著興趣，並不只是因為他的大腦尚在成長，而是因為他探索現實，就像他探索夢境一樣快樂。現實對一個愈年幼的小孩，它就愈處在一個新鮮且浮動的狀態裡。一切尚未固定，一切也尚等待著所有可能性的接觸。不像年長的我們，年幼的孩子能在有限的現實中，發覺無限的可能性。原因並非我們在不同現實裡，而是他的精神狀態就如同在夢境中活躍、充滿變化。因為這些可能性，一個人能在面對生活時朝氣蓬勃，且充滿期待。

年紀大的我們，最常遭遇到的，是一成不變的現實，以及失去熱情的生活。但如果我們有更多認識，可以發現現實充滿如同夢境般的元素。也許在這個年代裡，更容易說明這些特質。過往我們經歷和平而穩定的生活，無論過得如何，身邊的人事物常處在幾年或幾十年不會改變的狀態裡。但在疫情及戰爭發生之後，我們會很容易觀察到，過往我們認為一定不會改變的事，事實上可以如同夢境般瞬間幻滅。認

遠方有哀傷，此地有我

真思索這些人事物可能會消失、死亡的特質，會改變我們對生命一成不變的看法，甚至改變我們生活的模式。

中年的我和思寧，在分享和探索這些知識時，常有相見恨晚的感覺。我時常會想，如果當時我能認識這些想法，我會不會能有更好的方式來應對噩夢。但轉念一想，還是有限。主要還是每個人的現實差異。如果一個孩子探索現實要像探索夢境般愉悅，至少他的現實得是穩定且安全的，否則就會像我一樣，掉入硬生生的求生現實，沒有可能性，也沒有期待。不是說我不能幻想夢境中的超人來救我遠離逃脫這殘酷的現實，而是這樣幻想只讓我感覺到更多現實的殘酷與痛苦。

所以我曾經試過用信心去面對、改變我的噩夢，確實可以發揮功效，但我即使懷抱再大的信心，也改變不了殘酷的現實。相對地，現實只是輕易擊垮我的信心，並帶給我更多、更深的噩夢。所以一個經歷殘酷現實的小孩，是難以相信夢境與未來的，只有殘酷的現實是真的，而且每天、隨時都會發生。現實抹煞夢境的存在及未來的可能性，讓一個孩子變得蒼白、失去活力。

我和思寧做的，是找回生命的希望與活力，從拾起過往被抹煞的夢開始，一天一天地分享我們的夢境。我在夢裡遇見了她，我們一起去找早餐吃。醒來的時候，我們認真思索，夢裡的早餐該如何重現在現實的早餐當中。就這樣，一個又一個的夢境，將我和思寧帶入更親密也更深入對方精神的關係之中。也是思寧教導了我，說出自己的感受是不要緊的，在這安全的關係之中，我們可以自由決定怎麼處理、面對這些感受。一個人，怎麼拾起希望？又怎麼樣觸碰過去被抹煞的感受？如果不是和思寧一起努力，我一個人做不到這些事。

找尋仙境中的愛麗絲

思寧

跟潔皓一起生活已經十四年，他平常會以「思寧」來叫我。不過，來台灣生活之前，「思寧」對我而言是陌生的稱呼，因為香港人在學校及工作場域，主要以英文名字互相稱呼，所以我過去一直習慣別人稱呼我Alice。

我小時候沒有特別喜歡愛麗絲這英文名字。我記得國小英文老師介紹《愛麗絲夢遊仙境》的故事後，同學下課後不停問我是否在夢遊，問我何時會變大縮小，讓我覺得有點煩。我因為這事很不爽，回家後問爸爸為什麼要幫我取這英文名字，爸爸的答案竟然是他翻英文字典，字母A的女性名字中，第一個會念的名字成為了姊姊的名字，第二個他會發音的名字便是愛麗絲，也就是我的名字。人生有時候就這樣隨意被決定了。

我曾經以為名字叫愛麗絲的人，夢境都會像《愛麗絲夢遊仙境》故事裡面的情節一樣，夢幻、驚奇、意想不到，但當我在國中認識到另一個愛麗絲後，才知道世界上其他愛麗絲不一定有奇幻的夢。

我的夢很多時候都很有娛樂性，像是巨大的菜包、在空中游泳的魚、戴著草帽的蜥蜴戰隊。我喜歡夢境給我的驚喜與啟示，我特別喜歡夢到食物，有一次我夢到有棉花糖的鍋燒麵，醒來時覺得不得了，立即跟潔皓說我的夢。潔皓當天就烤了棉花糖餅乾和煮了蛤蜊鍋燒麵給我吃。棉花糖沒有出現在鍋燒麵中有點可惜，不過潔皓煮的鍋燒麵很好吃。

我對夢的各種解釋充滿著好奇。記得大學時在圖書館看到一本書《夢的完全手冊》，滿滿的插圖，解釋夢中各種意象。不過很可惜，書裡面沒有介紹夢到菜包和鍋燒麵代表什麼意思。

跟潔皓一起生活多年，起初他不多談自己的夢。他起床後，大多是靜靜的，話不

遠方有哀傷，此地有我

多。不過，他買很多關於夢的書，《西藏夢瑜伽》、《清醒做夢指南》、《夢境實驗室》、《潛入夢境》……夢對他好像有特別的意義，彷彿夢裡藏著揭開人生謎題的所有答案。

有一段時間，潔皓會為了控制夢而睡。他認識了「清醒夢」的概念後，大感興趣，不停練習清醒地做夢，嘗試在夢中創作，並改變夢中的元素。做清醒的夢並不容易。其中一個很大的門檻，是在夢裡醒來，即是在睡夢中知道自己在做夢。夢中的文字、數字或景色是辨別自己是否在夢中的關鍵。如果文字或景色看起來怪怪的，問自己是否在做夢，當知道自己在夢中時，不要醒來，繼續在夢中探索，並嘗試取得自己的意識，然後展開控制夢境的工作。

要意識自己在做夢，比我想像困難，我常常在意識到自己在做夢後，便會醒來。試過在夢中保持清醒一兩次後，我就放棄清醒地做夢。

潔皓是一個很有毅力的人，他沒有放棄，不停練習。為了練習，潔皓投入很多時間睡覺。不過，如何成功入睡成為他練習清醒做夢的最大關卡。有時他睡醒吃過早餐後，便會坐在床上，閉上眼睛，試試看會不會打瞌睡。打瞌睡時，心智比晚上睡覺時來得清醒，很多時候會馬上開始做夢，這就可以有機會練習做清醒的夢。

10
2

遠方有哀傷，此地有我

不過，因為一天中不停小睡，導致白天的活動量不足，身體不夠疲累，讓潔晧晚上入睡變得不容易。我擔心這會影響他的作息，我也覺得自己被他忽略了。我不知道他的夢裡藏著什麼祕密，但他好像忘記了我的存在。對他而言，在夢中追求自由，好像比現實世界中的任何事情重要。控制不到夢，就控制不到現實。我嘗試勸說潔晧慢慢來，反正每天都需要睡覺，不要急著那麼快要做到清醒夢。

潔晧聽到我的抱怨後，他沒有爭辯，也沒有太多解釋。他走到電腦前，找了一集《G. I. Joe》的卡通給我看。這是他小時候看過的卡通，內容描述特種部隊被壞人攻擊，所有人都做噩夢，結果大家都沒辦法好好睡覺。然後其中一位成員鼓勵大家，說這只是夢，你可以控制你的夢。卡通最後是特種部隊每位成員都直面迎擊自己的噩夢，戰勝自己的噩夢。

看完卡通後，潔晧神情變得很凝重。他說小時候看完這一集卡通後，第一次知道原來人可以打敗自己的噩夢。說畢，潔晧便開始哭，哭得很難過。我在他身旁，感覺到深刻的痛苦，是我從來沒有理解過的痛苦。自此之後，我再沒有對潔晧投入清醒夢有任何怨言。我從他身上看到一股強大的意志。他在努力解決困擾他的事情，我也希望能幫忙。

其中一個我可以幫忙的工作，是記錄夢。平常他會寫夢的日誌，在夢中剛醒來的時候，他會立即用紙筆記錄自己的夢境，然後再睡。有時我會幫他記錄，讓他可以繼續躺在床上閉著眼睛，跟我說他的夢。過去我不曾理解潔皓的夢，直至我每天為他記錄夢起，我才知道他在夢中經歷的事情，是那麼恐怖。怪不得他過往起床後都不太說話，從被不停追殺的噩夢中醒來，如何平復這份恐懼的心情，不是我能容易體會的事。

討論夢也是一個重要的練習。我們會一起找出夢境背後意義。每個夢境都提供了一些線索，理解被隱藏的過去，幫助我們通往更遠的地方。我不停收集潔皓的夢，整理不同重複出現的情境和意象。喪屍是潔皓噩夢的常客，會不停追殺潔皓，而且喪屍死了又會復活，困在這種夢境真的讓人很絕望。

我很喜歡潔皓夢中的小孩，他們都很有能力和個性。在其中一個夢中，一群來自過去的孩子發現腦袋有奇怪的空白形狀，這空白的部分叫記憶斷層。他們都知道，這是有人故意做出來的事情。這群孩子決定坐列車去找尋，拿回被切走的部分。有時夢裡透露的訊息都很清楚，愈理解潔皓的過去，夢的意涵便更明確。在跟潔皓討論夢的對話中，我有機會聽到更多潔皓的心情和過去的經歷，夢就像我們之間的嚮導，在迷霧中帶領我們。

我記得剛認識潔晧時，他曾很認真地跟我說，他想在夢裡飛行。我當時以為他想成為飛行員或是喜歡空中的景色，直到近年，我才意識到他不是在夢中尋找快樂，而是為了克服人生最深刻的恐懼。我曾經以為潔晧忘記在現實中的我，寧願活在夢中，但原來他是為了可以跟我過平靜的生活，每天晚上拚盡全力獨自對抗噩夢。

夢境深處

潔晧

從小我就知道有另一個夢境的世界。未曾認識它的存在之前，我就被它的力量持續蹂躪著。我在人生的失敗與黑暗中摸索出這個世界的特質。這個世界是由感官與情感組成的，相較於現實世界，邏輯在這裡並不重要，因為一切是可以重組的。現實中發生過的事，在這個世界會重演，但重演的方式取決於感官記憶的強度和情感的優先順序。

現實中恐怖的事會發生很多各種可能嚴重的結果，但一個小孩心靈會記住的，

遠方有哀傷，此地有我

是家人的恐慌和自己感受到的情感。這樣的危機情境可以在一個小小的心靈裡持續重演，甚至成為人生的課題。而這樣的內在世界，也會再次在現實世界裡重組、重演，我在青少年時從閱讀無數的小說與漫畫肯定了這世界的存在，因為那些作品直接觸碰到我的內心。這也是日後我成為藝術家的原因之一。我深刻相信，當你能擁抱內在世界的真實靈魂，並且重現在現實世界中，現實世界也會因為你的改變而產生改變。

所以我對於內在世界存在意識初萌芽時，最感到好奇的是新世界運作的規則。這個世界依靠情感與經驗來驅動，缺乏情感就沒有動力，缺乏回憶與經驗則沒有秩序。所以稚嫩的生命充滿情感卻沒有秩序的作品，通常容易感動人，因為它提醒我們所有人，我們在生命之初內在的模樣就是這麼狂暴、混亂而美麗。但熟稔情感並充滿經驗的作品，會攻陷另一個人的內在，產生徹底的共鳴。沒有秩序的世界，是狂暴的夢境；有秩序的世界，則是藝術品。

許多藝術家都是發現這樣的規則，而攻陷了那個時代所有人的心，成為傳世的作品。有些藝術家學會在夢裡創作，醒來再次重現。有些藝術家則將創作的問題帶進夢裡，夢醒時分自然解答了前一天創作的困境。該如何回答自己，昨夜夢境為何讓你哭泣？懂得回答這個問題的人，也懂得與自己的靈魂溝通。理解自己靈魂的人，也自然會看見另一個人的靈魂。我們的靈魂像是一面又一面的鏡子，反映著對方靈魂情感的色彩。

夢的力量聯繫到靈魂的力量，當生命經歷愈多起伏，這份力量也愈深刻。無論你是否接受，它都深刻影響著我們的生命。幼年的我並不理解這個道理，我只知道，有力量牽引著我、呼喚著我，但我不知道那是什麼，而且令人害怕，尤其是噩夢。

●

通常睡夢中的噩夢不是一次而已，而是接續的。所謂地獄，是一層層往下展開的。睡得愈沉，意識愈深處的惡魔愈是在等著捕捉你。它像是一個讓人痛苦的立體遊樂場，才剛被迫坐完垂直空降，立即又被迫搭上雲霄飛車。

一區又一區的痛苦，栩栩如生。那些鮮明的路徑，遊歷回到人間後，會讓你感覺但丁所描繪的《地獄圖》是真的。真的它就存在我們心中，真的它一直就在那裡。至於不相信地獄存在的人，只是還沒被迫開啟那道門。

遠方有哀傷，此地有我

我一直認為地獄不存在於另一個空間，而是存在於我們內心裡，存在於我們的經驗裡。它既可以是一瞬間的，也可以是日積月累的，它可以是經驗，也可以是未來，但相同的是，我們都會用「深處」來形容。也許是生命難以忍受的痛苦，自然會往深處掩蓋、掩藏，然後在生命中的某一刻再恍然大悟，原來它一直是我們的一部分。

因為這些經驗，讓我面對別人的經驗，都保持著一份謙虛。去過地獄返來者，自然不會否認更深處存在的可能性。所以可能多數的人會看輕夢境，但我看重它在人性中的位置與重要性。

●

在開始處理創傷議題之前，我一直有個誤會，那就是每個人每天晚上都是會做噩夢的。一直到學習創傷的知識後，我才理解到，原來不是這樣，不是每個人每天晚上都會做噩夢，而是受過傷的人才容易發生這種現象。

如果夢境是現實生活的卡通版，那麼噩夢就是現實中遭遇困境的劇場版。劇場版

FSAA

《遠方有哀傷．此地有我》◎陳潔晧．徐思寧　寶瓶文化

最讓人厭惡的，就是續集。白天的厭惡感，竟然要延續到晚上的夢境裡。

恐懼與痛苦是不一樣的區塊。恐懼的夢像是尚未實體化的魂魄，因為什麼都不是，所以什麼都是，無所不在，追逐著你奔跑，如影隨形。

痛苦則是形象鮮明，有時出現的姿態甚至充滿哲理。它像是一個喜愛戲劇效果的惡魔，悉心安排所有細節。只是它知道結局，所以打算要你當它最忠實的演員，在鏡頭前同一幕動作一拍再拍，好像要在過程中淬鍊出痛苦的精華一樣。

從經驗上來說，具象化自己的恐懼，會比較容易減輕它所帶來的影響。無論是說出來、畫出來、寫出來，還是在夢境中賦予它明確的形象，都會削弱恐懼的力量。

痛苦則是心裡的一部分，是無法排拒的經驗。在夢中它再次化為實體的時候，這份栩栩如生的夢中經驗，重現過去生命難以接受的困境，提醒我們它還在我們心中未能處理的重要位置。

那麼這些噩夢到底要提醒我什麼？我從來沒弄清楚。我只記得我五歲第一次在原生家庭裡的床上躺著，當我閉上眼睛後，我體驗到我飛了起來，被拋往天空高處，接著又墜落下來，掉往無底深淵，無法停下來。

我驚醒後，跑下自己的床，去客廳找爸媽。爸媽叫我回去睡覺，我說我不敢。他們說：「你不睡，大家都不用睡。」他們生氣了，我感覺自己做錯事，只能硬著頭皮回到自己床上，但是我不敢躺下來。他們進來看到我沒躺下，又叫我再躺下。我躺下，但是眼睛不敢閉起來。他們就再叫我閉上眼睛。我閉上眼睛，但不敢入睡。我聽著聲音，等他們一離開，我就睜開眼睛保持清醒。黑夜很漫長，而且黑夜時常會抓住我，將我拖入噩夢裡。

夢裡有群人在嘲笑我，他們充滿惡意，而且我無力抵抗。這些人控制我一切，但我卻什麼也沒有，即使想逃走也沒有方向。我一直被困在噩夢裡。如果驚醒後，不小心再睡著，卻發現又再被困在同一個地方。之後我學會做了噩夢，盡量不要再入睡，再入睡只有同一個噩夢情境等著要捕捉你。

睜開眼睛，是一片安靜而黑色的空間，我時常會忘記自己在哪裡。我醒著嗎？還是在另一個噩夢裡？有人在追我嗎？我身邊有沒有躺著壞人？黑夜，寂靜又漫長，陪伴我的只有飢餓、忍耐與恐懼。

當時我要憂慮的事情實在太多了，除了每天早上急迫的飢餓，還有每天晚上逼近的噩夢，白天和夜晚都要戰鬥，我感到疲憊不堪。生活中偶爾感到安慰的是：今天運氣特別好，三餐都有吃到，或是每天下午五點半到六點的卡通時間。

卡通裡的英雄教我抵抗，即使是噩夢也要抵抗。我照著它們的建議做，不太容易，卻得到一些特殊的經驗，原來某些噩夢是可以戰鬥的。戰鬥之後還會改變結局。如果惡魔是可以戰勝的，我至少多了一點信心。

有時可以戰勝，但有時又不行。

我常夢見自己逃不走，逃不出來，還有重要的人被我遺留在身後。我記得大概在五、六歲的時候我發燒，睡著以後一直醒不來。同一個無法逃走的噩夢又來找我，而這次不一樣的是，我夢到我爸爸。他拿著磚頭一塊塊將我圍起來，我求他救我出去，他就只是一言不發保持微笑，繼續加高這道磚頭砌成的牆，當我尖叫醒來的時候，發現我爸爸正在叫醒我。大概是我做噩夢說夢話的聲音太大，讓他要把我叫醒。

我一直無法忘記這個噩夢。它象徵我當時和爸爸之間的矛盾。他想叫醒我，應該是想照顧我吧？畢竟當時我是個發燒的小孩。但他真的想照顧我嗎？真的想照顧我，為什麼又把我送到別人家去？又為什麼要把我帶回來？雖然我已經回到自己的家裡，但恐懼與焦慮從未止息。我的父親是要救我，還是把我埋起來，我一直分不出來。

遠方有哀傷，此地有我

做噩夢醒來的第一秒，是確認自己在哪裡。是自己認得的空間，我就可以說服自己現在是安全的，怪物並不在這裡。但這是後來才學會的方法。剛回到原生家庭的時候，我根本認不得眼前的環境，無論噩夢還是醒來，我都在一個陌生的空間裡。當我睜開眼睛的時候，我無法說服自己，怪物此刻並不在我身邊。我大可翻身轉頭看身後有沒有怪物，但我不敢。我跟怪物一起同睡了那麼多年，我無法肯定，它現在一定不在我身後。

我常常醒來以後就僵住，不敢轉身，怕看到噩夢裡的怪物。直到天亮，我才敢慢慢地轉身，確定怪物不在我身後。有時候我連轉身也不敢，天亮早餐的時刻，我又不想放棄狩獵已久的一餐，因為錯過就要再等八小時，所以只能眼睛直直看著前方，慢慢緩緩地走下床。走出房間，坐在餐桌上，我依然不敢轉頭，也不敢亂動，深怕我會瞥見怪物。我覺得它就在我身後，一直跟著我。我有試過要媽媽看我身後有沒有怪物跟著我、黏在我身後，但他們只是覺得我怪，久了就直接忽略我的話。我常常覺得怪物一整天都在跟著我。

抓住現實，是件有挑戰的事情，尤其當你的現實浮動很嚴重的時候，你更難抓住什麼是現實。

上學之後學會，即使害怕身後的怪物，也不能問身邊的人有沒有看見怪物，不然他們就會把你當怪物一樣看待。我只能試著趕快記得，眼前這個空間是我認得的空間，在這個空間裡，是沒有怪物的（大概吧，但惡魔是很狡猾的，它會讀取你的記憶）。想像你跟惡魔住在同一個空間，你努力逃進一個小房間，上鎖再上鎖，阻擋再阻擋。當你覺得盡了最大努力不要讓惡魔進來的時候，才突然意識到它就在你身邊露出猙獰的微笑。你驚醒，打開房門又再遇見它，再次重複同一個噩夢。這樣的無止境噩夢非常折磨一個人的意志。

我很不想再去另一個新空間，因為新的空間只會讓我分不清楚，這裡究竟是噩夢空間，還是現實空間。

畢竟，現實空間裡，也有惡魔。

第三章

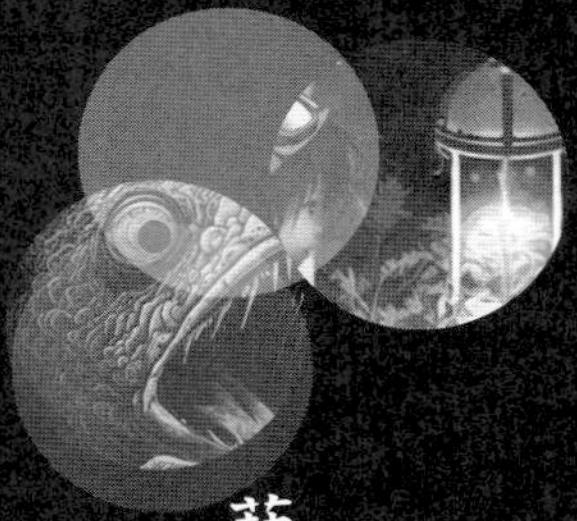

藝術家是「家族之光」

藝術世家的媳婦生活

思寧

第一次走進潔皓家的客廳，心情既緊張又興奮，因為我終於有機會可以踏進藝術家的家，而且還可以寄宿一晚。

潔皓爸爸是有名的篆刻家和書法家，常辦展覽，也出版了許多散文集。我大學時修讀藝術歷史，對藝術品的認識停留在各種史論與藝評，從來沒有機會那麼近距離接觸藝術家的生活。想到可以看到藝術家創作的桌子、摸到書法家書寫的毛筆、聽到藝術家親身解說自己的作品，心裡就撲通撲通緊張起來。我不停詢問潔皓在他家的注意事項，他只是淡定地說：「跟平常的你一樣就好。」多麼讓人安心和憂慮的一句話。

潔皓的老家，位於信義區的小巷子。他們一家五口，每逢週末便會一起聚餐。潔皓通常會在家住一兩天，星期天才回到我們兩人的住處。

第一次到潔皓家，跟爸爸媽媽打招呼後，潔皓便帶我到他房間。我擔心會不好意思，根據我家鄉的習俗，第一次拜訪，通常是待在客廳比較禮貌。潔皓輕輕地說：「我們家不是這樣。」我又擔心潔皓媽媽煮晚餐會很累，是否需要幫忙，潔皓也說：「不用擔心，待會去幫忙拿外帶便可。」我們就乖乖待在房間，看著小電視，等待晚餐時間。

晚餐是一家日式餐廳的外帶，餐廳在潔皓家的後方，出門轉彎便可以輕鬆到達。潔皓爸爸吃飯很講究，飯菜放在便當盒裡面不好吃，盛在家裡漂亮的瓷器上，生活才有品味。

家裡吃飯的桌子，位於潔皓爸爸創作的書桌旁。書桌上布滿毛筆、宣紙、刻刀和篆刻石頭，而且還有厚厚的塵。刻石頭的創作生活，難免累積很多粉塵，清潔不容易。客廳基本上沒有可活動的地方，無論是牆上、櫃子，還是地面的空間，都放滿

遠方有哀傷，此地有我

潔皓爸爸的作品。

潔皓一家都是讀書人，媽媽是國小老師，兩個哥哥是博士，他們談吐溫文爾雅，而且非常客氣。藝術世家吃飯也是安靜有禮，話不多，而且主要是在聽爸爸說話。真是讓人羨慕的家庭，回想在我家鄉，一家人吃飯時是我們的聊天時間，各自分享著每天生活的點滴，而且大家會面不改色搶夾飯桌上好吃的料理。

●

潔皓家餐桌上的寧靜，讓我焦急不安，我媽媽教過，對話要有來有往才禮貌。我看了潔皓幾眼，發現他只顧吃飯，只能靠自己了。我把平常跟潔皓生活的趣事一件一件端出來，如何用小鍋煮出兩菜飯的祕技、我們種的葫蘆被巨大蝸牛啃食的災難、九層塔神祕失蹤事件。想起潔皓說，我到他家時，像平常一樣的我就好，真是讓人值得深思的一句話。

潔皓爸爸吃飯後，便坐到他專屬的沙發上抽菸。家在公寓一樓，為了保有隱私，窗戶大多用雜物擋起來，所以潔皓爸爸在室內抽菸時，潔皓便開始連續打噴嚏和狂流鼻水。我們趕快吃完晚餐，洗好盤子，逃回房間，躲避讓人頭痛過敏的二手菸。潔皓淡定地吸入氣喘藥，吞下過敏藥，希望最少可以呼吸。

為了騰出工作空間，潔皓幫忙把地面的雜物推疊起來，清出一小片地面，讓我可以在地上放手提電腦工作。我眼睛四處尋找，希望可以找尋潔皓成長的痕跡，但潔皓的東西少得稀奇，不論是衣服、物品、書籍，都不像他的東西。潔皓的房間基本上也是堆滿爸爸的書，掛滿爸爸的作品。我問他：「你小時候看的書和繪本呢？」潔皓低頭看著地板：「有一天下課回家，全部都被丟掉了。」

我記得潔皓曾說過：「我留不住自己的東西。」當時我聽不懂，直到我身處他的房間，彷彿感覺到一種無力與窒息感。

我趕快打開房間的窗，但原來窗是向著防火巷，空氣都是隔壁餐廳的油煙味和廚師的二手菸。我默默把窗關起來，接受這個現實。

我們每星期回潔皓老家吃飯，跟爸爸媽媽聊天，一起分享生活，幫忙採買生活用品。潔皓每次回老家還有更重要的任務，就是完成爸爸交代的各種藝術雜務。

例如爸爸要刻銀印時，我們就會幫忙把銀條用砂紙打磨平滑。爸爸想要某種特別的石頭，我們就會到處尋找搜羅。爸爸的作品需要拍照記錄，我們就在房間設拍攝棚，為每一個印章拍照。爸爸想要刻陶印，我就負責練土，潔皓負責刻印紐、上釉、燒窯和打磨。潔皓爸爸想要出版印譜，我們就排版、找印刷廠和裝釘廠。爸爸想要製作手工書，我們就每天在割紙、摺紙和穿針線。

我之前在家鄉學習的攝影、陶藝、印刻和書畫裝裱的知識及技巧，沒想過在成為藝術世家的媳婦時派上用場。我和潔皓慢慢成為藝術家爸爸的跑腿和雜工，有時甚至是他的許願池。直到我和潔皓結婚後，這些互動並沒太大改變，只是慢慢占據了我們更多更多的生活。爸爸委派的任務，有時耗費我們兩人好幾個月也來不及完成。完成了一個任務，又會有另一個任務出現。

●

潔皓爸爸長年的創作生活，在身體留下很多痕跡，五十肩、手抖、視力退化。潔皓心裡不捨，深知藝術創作是勞力工作，每人一生的創作時間有限，所以不論爸爸有什麼需求，他都默默努力完成。我也因為成為藝術家的媳婦，開創了很多新的視野，習得新技能。不過，也有一些我不想體會的技能。

農曆新年時，我和潔皓會在他家過年。其中有一次，我們和潔皓兩位哥哥飯後聊電影聊歷史，一起喝咖啡和吃泡麵，直到深夜才睡覺。早上聽到潔皓爸爸在房間門口叫我。我睡眼惺忪醒來，爬過潔皓沉睡的身體，趕快出去回應。原來潔皓媽媽在準備新年的早飯，所以潔皓爸爸叫我幫忙。

我趕快洗洗臉，叫醒自己。走進廚房時，潔皓媽媽已經在忙。心裡不好意思，要媽媽一人操勞，趕快詢問有什麼可以幫忙。潔皓媽媽撈出一片又一片豬肉，放在砧板上，叫我切肉。

吃素的我，頓時感到晴天霹靂。不行，這工作我不行。

小時候跟媽媽去菜市場，我會撿地上的菜，拿去餵籠子裡面的雞。雞喜歡吃菜心，也喜歡吃芥藍。我會蹲下跟牠們說話。後來有一次看到攤販從籠子拿出一隻雞，然後手起刀落，滿地雞血。自此之後，我聞到肉的味道，會反胃不適。去超級市場也會自動避開擺放生肉的冰櫃。三十多年來，我沒煮過肉，沒切過肉。

我拿著刀，看著眼前的肉，心智有點凌亂。潔皓媽媽溫柔地教導我如何看肉的紋理，如何下刀，肉才好吃。但我沒有能力消化她的語言。我想逃，我要找潔皓幫忙，但潔皓爸爸龐大的身軀站在廚房門口。我有點驚訝，我從來沒看過他站在廚房門口，他不是都坐在自己的寶座吸菸嗎？他現在卻手拿著菸，臉帶微笑在欣賞著眼前這齣戲。

這時我想起結婚時，媽媽跟我說的話：「記得對待潔皓的父母，就像對待自己的爸爸媽媽一樣。」那，我是否可以跟他們吵架。我快忍不住時，潔皓爸爸又加了一句：「怎麼不快點幫媽媽切肉，不會切肉嗎？」

我腦內的小精靈不停演練出很多不同劇本。到底我是誰，我在哪，我在做什麼。我很努力壓制各種衝動的語言，不知不覺身體就幫我無意識地切完眼前的肉。

新年的早飯，我反胃不能下嚥。潔皓看我身體不舒服，飯後我們便先回去自己的家。等公車時，我打長途電話給媽媽，聽到媽媽的聲音，終於忍不住哭了出來。

遠方有哀傷，此地有我

我的藝術家爸爸

潔晧

在我還在學拼音符號ㄅㄆㄇ時，我就知道「藝術家」三個字。那是我最喜愛的老師教我的。她說我父親是個偉大的人，因為他是個了不起的藝術家。從那個時候，「什麼是藝術家」就對我是重大的人生問題。

通常我問這個問題時，大部分的人都會跟我說：「你爸爸就是個藝術家。」對小孩的我而言，想要知道什麼是藝術家，就是觀察爸爸在做什麼。

但什麼是「爸爸」，這對我也是個難題。當每個人都告訴我「你爸爸是個偉大的

遠方有哀傷，此地有我

藝術家」的時候，我想知道的是「爸爸」在我生命中的意義。也許不是每個小孩都需要思考這個問題，但我必須思考這個問題。

主要是我感覺到我父母有件比我的安全幸福更重要的事要去追逐。我想知道那到底是什麼。也許當我弄清楚那件事真實的樣貌時，我就可以讓所有人都得到幸福。

成長到某個時刻後，這個問題自動融合為「當有天我知道什麼是『藝術家』以後，我就會知道『爸爸』真正的意義」。在我努力去學習、弄懂什麼是藝術的時候，有陣子我甚至忘記了我為什麼要這麼努力弄清楚這個問題。

三歲的時候，父母把我放在奶媽家。他們沒告訴我為什麼，他們就從我的生活中消失了。我日夜地盼望可以回到他們身邊，但只能盼到一個星期半小時的探問。我問他們說，兩個哥哥都住在家裡，為什麼只有我不能回家，沒有人回應我。每次他們再拋下我的時候，也是偷偷離開，故意不讓我知道。

奶媽用針刺我手指頭，捏我腋下，咬我大腿。我跟父母說，奶媽他們對我很壞，我想離開這裡。他們還是假裝沒聽見，默默地從我眼前消失，繼續把我拋棄在這個沙漠中。

奶爸跟奶媽開始要求我做一些奇怪而難以形容的事。事隔多年，我才能理解，他們要我在晚上睡覺前，看著他們做愛。我不知道該怎麼跟父母說明這奇怪的事，我只能說他們很壞，我想回家。我父母還是裝作沒聽見，默默從我眼前消失，把我拋在這恐怖的監獄裡。

奶爸奶媽開始要求我在他們做愛時，為他們口交。當我不服從的時候，他們就直接把我的手抓去摸他們下體。我被那團黑色的陰毛嚇到了，想把手抽回來，卻發現怎麼樣也抽不回來。我的力氣沒有他們大，我不知道該怎麼躲在這個小小的房間裡，躲開他們。

夜晚成為一件恐怖的事，光是看著天空慢慢變暗，恐慌與焦慮就不斷升級。白天的時間流逝得特別快，晚上的時間卻特別漫長。「今天，該怎麼躲過他們？」我試過躲在客廳的桌底下、廚房及廁所的角落，不過都沒有用。他們都會發現我，再把我抓回房間的床上。

我不知道要怎麼向媽媽解釋這些恐怖的事，我跟媽媽說這些人是壞人，對我做壞事。媽媽聽完轉過頭，繼續跟奶媽聊天。在她轉過頭的那一刻，我的血液凍結成黑色的，我知道我最後的希望斷掉了。我是躲不過奶爸跟奶媽要我做的事的。

我坐在床上想了很久，從白天到晚上。我只有一個人，不會有人來幫我。到晚上

遠方有哀傷，此地有我

要睡覺的時候，我決定縮在一起，當一顆石頭。無論任何人要打我、捏我、刺我，我都決定當一個沒有感覺的石頭。

我知道他們就在我身邊，我們就睡在同一張床上。他們又要我做一樣的事，但我現在決定當一顆石頭，把手腳用力包在身體裡。我不希望身體任何一部分再被他們抓住，被抓住了就不是我的了。

奶媽對我的不合作很生氣，她決定不給我蓋被子。夜晚特別地寒冷漫長，我在發抖，但是至少我今天晚上沒有被抓住。不，晚上還沒結束，他們就躺在我身邊。今天晚上我也要與恐懼躺在同一張床上。我不敢睡覺，我持續繃緊著，我希望我的努力可以把恐懼趕跑。但，夜晚是如此地漫長，像無盡的黑暗包圍著我，我保持用力抱緊自己及警覺的努力像風中燭火，隨時要熄滅。

當又冷又累卻又不敢睡覺的時候，身體會開始覺得痛。我需要想一些讓我可以撐下去的事，我唯一可想到的是我爸媽，他們在哪裡，他們在做什麼，他們有想著我嗎？我在想著他們。什麼時候他們才會來帶我走？想到這裡的時候，黑色的血液又開始奔竄起來。我只好把注意力放到其他地方。

安靜的黑夜，讓你聽見你恐懼的人發出的鼾聲，但這聲音也不代表安全，只是告訴你，你和他們沒有距離。這是一段漫長、寒冷、恐怖與沒有希望的黑夜，每天至少有八小時。這樣的夜晚也持續了三年。日復一日漫長而不見盡頭的黑夜，讓我深刻體會到，對未來抱有希望與期待是虛幻的事。

●

當我五歲要離開奶媽家的時候，我知道這是我每天晚上都在盼望的事，遠離這些壞人的控制，不要再與恐懼共眠，但同時我也無法期待這會是真實的。畢竟五年的生命裡，我有三年是住在陌生人家裡。

爸爸家裡是個非常漂亮的地方，有黃色的燈光和巨大的書櫃，還有我自己的桌子和床，這在奶媽家是不會有的。雖然我住進了這個家，但我無法肯定我可以一直留在這裡，因為父親還是常跟我說不乖就要回去住奶媽家，這讓我非常害怕。

父親的威嚴不是表現在他的處世上，而是表現在他的沉默上。我常常走過他的身邊，甚至走到他眼前，他都沒有發現我的存在。通常要等我站著幾分鐘之後，他才會發現我的存在。我不敢吵他，深怕會讓他生氣。他最常跟我說的話是：「喔，你

遠方有哀傷，此地有我

在這裡啊。」然後轉頭在他工作桌下的黃色燈光繼續做事。我常常遠遠地看著他，希望他會發現我，但多半的時間他都在埋頭做他的事。

他休息的時候會坐在茶几旁泡茶，這時候我會感覺到他放鬆一點，我也會試著站在他面前，想看他的眼睛。他常常用手埋起自己的臉，讓我看不見他的眼睛。過一陣子把手放下，才發現我站在他面前，說：「喔，你在這裡啊。」喝杯茶，他又坐回他的工作桌。

上小學前我們之間沒有什麼對話，最多的對話是我會跟躺在床上的父親說「我餓了」，然後他叫我拿鑰匙和錢自己出去吃麵。

父親時常會帶我們全家去他大學同學的家裡玩，其中我印象最深刻的是周叔叔家。當時他家在天母，又大又明亮，還有漂亮的植物和庭院。他太太說話很溫柔，而且隨時都笑咪咪的。我們常在他們家過夜，每次醒來的時候，我都覺得自己在一個無憂無慮的天堂裡。如果我可以永遠住在這裡就好了。

另一位常來我家拜訪的是李叔叔，他很帥氣又親切，身上還有香香的味道。我常在他身上爬來爬去，要他把我抱起來。他也從來沒有拒絕我，還教我很多帥氣的小把戲，例如彈手指。這是我從沒有過的親密感覺。我常在想，「爸爸」的意思是不是這種感覺。

幼年的我在成長的歷程裡，常懷疑自己如果是別人家的小孩，生活會是什麼樣子。但每次一有這個念頭，黑色的恐懼就會籠罩心頭，讓我無法再想下去。心裡閃現的是過去被拋棄在陌生人家裡，那些惡人的身影，以及如果父母不喜歡我，會不會再次把我拋棄的恐懼。這些想法我祕密隱藏在心裡，深怕哪裡做不好，這個「家」會再次從我眼前消失。

●

還沒上小學前，父親與我最大的交集，是父親對我畫畫這件事有很大興趣。他會搜集我小張的畫，再釘成一本小冊子。這讓我覺得非常開心。但他有一些奇怪的堅持，是我後來才能理解的事。他會希望我在圖旁邊寫字，但我還不會寫字，他就希望我用注音符號寫。對還沒上小學的我來說，相當折磨，我就跟他說我不想做這件事。他就告訴我以後不會再幫我做小冊子。我不敢回答他，我覺得自己又做錯了什麼嚴重的事。

遠方有哀傷，此地有我

現在我當然能理解，他是希望用這些可愛的畫及字，做成一本像是繪本的東西，告訴別人這是我的作品。但我一直感到一種違和感，覺得他想要某種東西，是優先於我和他之間的關係。即使會剝奪我感到快樂的事，他也要嘗試。幼年的我不知道那是什麼，我只知道碰到畫畫和寫字這兩件事，他會有莫名的執著。

當我最喜愛的國小老師跟我說父親是個偉大的人的時候，我十分震撼。原來這樣的父親是偉大的。是因為藝術家而偉大，還是因為父親而偉大，當時我覺得一定有很重大而關鍵的問題我沒弄清楚，但即使到了今天，我依然沒弄清楚。

遠方有哀傷，
此地有我

談戀愛要先過馬路

思寧

跟潔晧談戀愛，有很多文化衝擊。握手是其中一個讓我思索了很久的謎題。

起初約會，兩人並肩而走，我的心撲通撲通跳，期待下一秒會否牽手。我們互相觀察對方喜歡的身體距離，潔晧風度有禮，我也釋出友善的身體語言。

一切的變化，發生在路過的紅綠燈十字路口。潔晧終於握著我的手，而且有點大力，重點是兩人的手慢慢舉高，愈舉愈高，快要高過胸口！

我覺得有趣，又有點衝擊。我感覺到潔晧很珍重地把我們的手放在他胸前，心裡覺得甜，但不禁疑惑為什麼戀愛時要高舉兩人緊握的手，還是過馬路時要舉手？

當我在戀愛的粉紅泡泡回神時，發現我們已經在斑馬線的另外一端，距離我們目的地反方向在走。

我跟潔皓確認方向，畢竟他是當地人，他的回應很可愛：「剛剛看到馬路，所以先過馬路。」

潔皓內置了一個過馬路的反應程式，每次遇到馬路，他便會緊緊握著我的手，專注地先越過馬路。只有越過馬路後，他才會放鬆下來。我在跟潔皓戀愛的第一課中，學會了凡事先過馬路的戀愛守則。不過這戀愛守則更像是一個謎題，讓我好奇潔皓的過去。

●

潔皓很喜歡與我手牽手。出門時、電梯裡、公車上、逛菜市場，或是在家看影集，我們也會手牽手。我們很喜歡牽著對方的手，手空著的時候，我們就會牽手。一起生活踏入第十五年，我們晚上還是會握著對方的手入睡。

遠方有哀傷，此地有我

關於牽手，潔皓的父母有不一樣看法。

我和潔皓過往每星期都會回潔皓老家吃飯。餐桌上，一家人習慣寧靜恭聽爸爸的發言。有一次，潔皓爸爸帶著微笑，說了一則潔皓小時候的「趣事」。

「潔皓小時候很黏人，出門都要牽媽媽的手袋，這樣一牽，就牽壞了九個手袋。哈哈哈哈。」

潔皓沒有說話，低頭繼續吃飯。我禮貌式回應：「是喔。」

我不覺得好笑，一點也不好笑。從潔皓爸爸的話裡，我只看到一個很焦慮不安的孩子。恥笑孩子的不安感，是我不能接受的行為。

潔皓爸爸怎麼會在兒子的女朋友面前說這個呢？爸爸好像一點也不在意潔皓的感受。潔皓爸爸的話中，有太多奇怪的部分。難道小小潔皓有神力，隨便一碰，便可把身邊事物斷開連結？飯後我問潔皓，「爸爸剛剛說的話是真的嗎？那時候你多大？」

潔皓小聲地說，「當時我大概小學一、二年級，爸爸常在客人面前把這個當成笑話娛賓。」

潔皓爸爸很喜歡也很習慣在客人面前評頭論足自己的兒子，他的散文集裡也寫了很多孩子們生活的「趣事」。我漸漸發現潔皓爸爸的觀點和故事，太多故意不說，或是避重就輕地包裝。

我感覺到潔皓的難過。小學一、二年級還是一個小小孩呢。我沒有再多問潔皓，但我心裡依然懸掛著對潔皓父母的疑惑。

當時我在研究所修讀兒童發展，很多的知識以及我與孩子相處的經驗，告訴我事情不對勁，潔皓爸爸說的話很可疑。為什麼媽媽和爸爸不牽小小潔皓的手？看到兒子那麼焦慮不安，為什麼還延續到第九個手袋依然忽略？為什麼把兒子的不安，變成踐踏孩子自尊的笑話？讓我最疑惑的是，為什麼小小潔皓那麼焦慮不安。

●

我小時候也有很不安焦慮的時候，因為曾經遇到壁虎在枕頭上經過，睡覺時蟑螂在手上爬過，讓我睡覺時都感到特別緊張，睡前都要謹慎地多次檢查床鋪，再把自己包緊緊才可以入睡。爸爸知道我無法入睡時，他會坐在床邊陪我。因為睡覺時要閉上眼睛，不知道爸爸還在不在身邊，所以我會握著爸爸的手。小時候覺得爸爸的

遠方有哀傷，此地有我

手很巨大，我的手好像只能握著他一根手指。當時只要握著爸爸的手，我就能很快入睡。

我媽媽也很愛牽我和姊姊的手。出門時，我和姊姊總會先分配誰牽爸爸的手，誰牽媽媽的手。牽手是我成長經驗很輕鬆平常的事。直到姊姊的小孩出生，我們家牽小孩的習慣也沒有改變，家裡所有成員都熱愛牽姊姊的孩子。

為了讓孩子走路時也有美好回憶，我們每個家庭成員都各有法寶，施展不同的移動式遊戲，可以邊走邊玩。我們有時會不停說故事，把沿路所見的人事物都編進故事裡，有時會用手傳密碼，有時會追地上的影子，有時會想像地上的磚塊是能量補給站，可以讓我們走更遠的路。我們更會讓孩子挑選他想牽手的夥伴。我們都深知，小孩再長大一點就不想牽手，能牽時當然要好好珍惜，而且每次牽手都是快樂的回憶。

姊姊孩子與潔皓出門時，也很自然地牽著潔皓的手，然後問他，「我們玩什麼？」我記得潔皓起初有點當機，想不出什麼遊戲。後來我們三人牽在一起，孩子在我與潔皓之間，展開了三人的移動遊戲。我們家習慣出門便牽手，也可能是因為媽媽怕人多車多危險，都叮嚀我們要牽緊爸爸媽媽的手。姊姊孩子也知道，所以在人多的路上，自然緊緊地握著潔皓的手，擔心他在異地走失或迷路。

人與人之間的愛，可以那麼純粹，姊姊的孩子視潔皓如同他的家人。我們家有多麼愛這孩子，這孩子也一點不保留地愛著潔皓。小孩心裡知道，牽著你的手，可以帶走你的不安，可以帶給你快樂，無論你是小孩還是大人，愛你的人，都會願意牽著你的手，走過不熟悉的路，走過未來的徬徨與不安。

不過，原來我的日常與平凡，可以是潔皓的文化衝擊。

有一次我跟潔皓聊起我與爸爸的回憶。我爸爸在我國中時，很認真地跟我說：「你長大了，走在外面就不用牽手了。」當時聽不懂爸爸的意思，還跑去跟媽媽確認，才理解原來爸爸想要尊重少女的身體界線。

我好奇轉問潔皓什麼時候沒有再跟爸爸牽手，他眼神有點遲疑：「我記得爸爸只牽過我的手幾次。」當下我心裡被抽空，狠狠地往下墜落。我沒有想過父母牽小孩的手是可以計算次數的。

潔皓握著我的手，慢慢細說著這些僅有的回憶。我努力克制自己的表情，我很愧疚，原來我只顧分享，沒有顧慮潔皓的感覺。父母的愛與關懷，對一般人是取之不盡的泉水，但對潔皓而言卻是沙漠中的甘露。

遠方有哀傷，此地有我

跟潔皓的戀愛中，我不停解謎，線索一直在我面前閃現，只是我又再次抓不住。每次我以為「知道了」，但原來只是抓到悲劇的尾巴，一次又一次錯過隱身在眼前的哀傷與痛苦。

裝飾品

潔晧

我跟父親最接近的距離，是寫作業的時候。除了國語作業，其他作業他都不在意。我國語作業簿常被擦到破掉，再撕掉重寫。造句、週記常要揣摩他的意思，不然也會被撕掉。他常跟我們說，造句和寫文章最重要的是寫出自己真實的感受和想法，但如果真的寫出我的感受和想法，他就會說不對，要我撕掉重寫。我時常因為國語作業被他折磨整個晚上。

他常把我的國語造句簿當作他自己作品的延伸。這句寫出來很有童真，這句寫

遠方有哀傷，此地有我

出來很有意境，其實很多是他的理解，而不是我的。他常覺得國語老師教得沒有他好，他告訴我的句子才是最好的。他常要我去看他的畫，畫旁是他寫的造句，然後告訴我這個造句有多好。長大一點他就會問我好在哪裡，每次為了猜測他心意，都讓我覺得很頭痛。

他第一本散文集《出去吃麵》的故事，實際上是五歲的我出去吃麵的故事。我出去吃麵的時候，他總是告誡著我要帶鑰匙，不帶鑰匙就不能回到這個家裡面來，所以我每次出去吃麵都充滿著恐懼，除了馬路交流道上高速行駛的車子，和不知道自己有沒有帶夠錢外，我最擔心的是無法再回到這家裡來。但父親堅持我要一個人出去吃麵，這樣就不會打擾他睡覺。這是我上小學前生活中必要的一個環節。

當我會識字讀書的時候，讀到他寫的〈出去吃麵〉文章時，充滿矛盾與衝擊。他寫的明明是我的恐懼和歷程，卻告訴別人這是他的風趣糗事。我有種百口莫辯的感受，但也從這件事情上，我漸漸抓住他的心態。

他想要我們成為他人生事業延伸的品牌，兒子、太太、家庭都不過是同一種為他而存在的東西。所有的事情，他都可以改編成他想要的樣子，呈現在他的藝術家生涯上。專欄、散文集是最明顯的呈現。

看過父親散文的客人，上門拜訪都會說：「啊！你就是阿三哥！」然後敘述我在文章裡面怎麼樣怎麼樣可愛，一開始我還會想要辯解「不是，很多都是假的」，到後來我就放棄了，我決定扮演一個無關痛癢的角色，這樣比較輕鬆。他要的無非就是個溫馨可愛的氣氛，讓上門崇拜的客人，帶著滿滿的感動談更多生意。我們不過就是他生意上的裝飾品而已。

●

每當自己在成長過程裡遇見的困難或喜悅，成為一群上門的賓客談論的話題，就有種想從現場立刻消失的感覺。無論父親有沒有把這些事寫在文章上，兒子總是話題，總是社交場合的一部分。後來就養成一種習慣，生活中無論想和父親談論什麼，都要知道他會對另外一個人說出來。如果不做好這樣的心理準備，我就會讓自己陷入不必要的困窘情境裡。

我們在基隆山坡上的家室內有五十坪，還有另外五十坪的庭院。父親時常一次宴請一、二十個人來到家裡聊天、聚會。他時常就坐在和室長桌的主位上，桌上

遠方有哀傷，此地有我

放滿點心、菜餚，和客人一起吃飯、聊天。通常我們小孩在吃飯時間也要自己出來夾菜、盛飯，若不是和一群陌生人一起吃，就是拿回房間一起吃。印象最深的一次是，我正在夾菜時，父親坐在主位上很大聲越過所有賓客，問我：「阿三哥你有沒有自慰？」當時我已經是個國中生，我困窘到想去死。我感覺到所有人都停下來盯著我看，我只想快點從這個空間消失，我只能點點頭說有，然後趕快回到自己房間。這只是一個例子，有時候他會要我留下來，聽他和客人說話，有時候則是叫我們回去房間。我們像是個裝飾品玩具，隨時可以從櫃子裡拿出來，當然也可以隨時放回去。

他寫過一篇關於媽媽刻版畫的文章，說的是媽媽做了很多張版畫，辦了展覽，最主要的動力，是因為爸爸上門的藝術家朋友，瞧不起媽媽的存在。所以媽媽決定要辦展覽，跟自己說藝術家沒什麼了不起。我相信縱使父親寫的故事很多是假的，但這個故事是真的。因為我真實在生活中感受到他對媽媽的瞧不起與輕率。

他對媽媽煮的飯不滿多於稱讚。通常不是嫌沒有肉，就是嫌不夠鹹，到後來媽媽放棄煮食。家裡泡麵、便利商店便當及麵包才是我們平常的主食。媽媽在這方面已經放棄溝通。雖然之後他把自己吃出了心臟病，但我也看不出他對自己的行為有何反省。後來他每天都叫媽媽去買在家後面的日式餐廳飯菜回家吃，實際上是很台式的飯菜，以很鹹、很油的牛、豬、魚肉為主。

有次他叫我幫他微波一個便當，等的過程他很不耐煩。當微波好的時候，我打算要拿隔熱布拿出來，但他急著就要拿出來吃，我跟他說很燙，他不理我，空手要去拿，接著就把便當摔在地上。我們兩個看著地上的飯菜不到幾秒鐘，他坐回他的沙發上開始抽菸，我就一邊聞著菸味一邊處理黏在地上的飯粒。

他常在自己的文章中稱自己為「老爺」，私底下則常跟我們說他是賺錢維持這個家的一家之主。文章裡常藏不住對太太和小孩的不滿，以及對自己身心的擔憂。他還寫了一篇文章專門在擔心自己的肛門。

小時候其實非常恐懼自己會再被丟掉，所以花很多時間在想他們到底希望我做到什麼。父親除了我的造句跟作文以外，最獨特的要求，就是要我們看他的專欄草稿，然後問我們感想。而這時候還不能說出真正的感想，而是要說寫很好或字很好

遠方有哀傷，此地有我

看，他才會放我們走。

我後來也習慣這樣的互動。他的文章我會反覆再看，想看出什麼他真正的期望與他在意的事。我對他文章內容熟悉的程度，是只要別人念出上一句，我就可以說出下一句。但這樣反覆推敲他心意的結果，我只能得出矛盾的感受。他常在文章中標榜自己重情、重義，但他從未在任何地方提過他們是怎麼把我丟棄在奶媽家的。他寫自己是個多顧家的男人，但我只感覺到我、我兩個哥哥，甚至我的母親，在生活中都是他的負擔。他說自己多為太太著想，實際上他說一，老媽就不可能說二。隱藏在他文字背後的，其實都是怨懟。

從國中到青少年，我一直想不透這個問題：我們一家人，似乎從一開始就成為他的累贅與負擔。他究竟為何要把我們三個小孩生下來，而自始至終，都要顯露出難以忍受的態度？這個問題，似乎也關係著母親為何把我們生下來。他曾在某篇文章裡說明，我們三個小孩都是避孕失敗的結果。是因為這樣，所以他遷怒到母親身上嗎？我不知道。但我看見的是，他生活中對母親諸多不滿。家裡的不乾淨、灰塵與擁擠，都是母親在處理，他只負責埋怨。我們房間塞滿他的作品，剩下一條走路的小道。我和母親都有氣喘的問題，但他堅持要在家裡的客廳沙發抽菸，因為他是家裡的主人。對他來說，我們若有什麼感受，那都是我們的不足。

過五十歲以後的文章，他就開始轉換為自己「豁達、不拘」、「都可以」、「念佛人」的形象。開始學會把上述發生的事，都轉換為「豁達、不拘」的表現。我最感到諷刺的代表作，是他喜歡營造「歲月靜好」的形象，也就是他身邊發生什麼事都是好的，乃至一花一草都是漂亮美麗的，但如果有不好，那只是他身邊的我們不夠知足的表現。

●

父親在他的散文集寫過，有憂鬱症的人是欲望不滿足的結果，某種程度上說明他與我們相處的態度。我們在生活中感受到所有的難處，最後都會被他解釋為我們過度敏感及不知足。身為小孩的我一直都非常懷疑自己。是我不夠好嗎？是我不該感到難過嗎？後來我知道要隱藏，因為說出來只會再被他責備、嘲笑不知足和太敏感。但他其實很清楚知道我身上發生過什麼事，只要我提起小時候的事，他就會叫我不要再說。長大之後我再回溯這些記憶，他不是陷入沉默，就是避重就輕，再次

遠方有哀傷，此地有我

展現他「歲月靜好」的功力。

我在三十四歲的時候，清楚告訴他我小時候遭受性侵的事，他只告訴我他身體不好，而我要「快樂起來」。我心裡很清楚，這是他一貫的雙關語：我若感到痛苦是不知足的表現，他已仁至義盡把我養大，這些都已經不關他的事。他歲月是靜好的，我不該打擾他心情的平靜。

自從我寫完《不再沉默》之後，我們就斷了聯繫。但偶爾我會看他臉書上有什麼訊息。他歲月靜好的形象不改，還在畫廊辦了展覽，其中一幅作品寫的是「吃喝玩樂」。

黑夜中前行

思寧

我跟潔晧相識不久後，便展開同居生活。我們兩人可說是朝夕相對，每天大部分時間都一起窩在家裡。我當時在寫研究所的論文，他則投入藝術創作。我們兩人都喜歡在黑夜中工作。寧靜的深夜，是我們創作力爆發的時間。

七年前的一個晚上，因為一段文字，奪走了我們的平靜。

當時我在準備研究所畢業論文的考試，因為時間不夠，我麻煩潔晧幫我打字。這段文字描述育幼院的兒童及青少年感到很寂寞、憂慮與難過。

遠方有哀傷，此地有我

潔晧打字打到一半，突然停下來，僵住好一段時間。我問他發生什麼事。他用很小的聲音說：「為什麼我覺得這段文字在說我。」我當下立即回應：「不會呀，你在爸爸媽媽家長大，不是在育幼院長大。你一定太投入文字的描述了，放心，你不是在育幼院長大。」

我這句話沒有什麼安慰作用。潔晧的神情變得異常嚴肅。他眉頭緊皺，嘴唇微微在動，但我聽不到任何聲音。我當時沒有意識到潔晧在面對怎麼樣的事情，我只焦慮論文的進度，我跟潔晧說：「你想到什麼，隨時可以跟我說。」然後我就繼續埋頭寫論文。

過了好一段時間，潔晧沒有發出任何聲音。我轉頭看他，他看起來很脆弱，眉頭依然緊皺，眼神若有所思。他變得跟平常很不一樣，像是平靜的湖面快要碎開。我跟他一起生活六年，從來沒有看過他這樣。

我放下眼前工作，專注陪伴他。我感覺到他有話想跟我說，但聲音卻被奪走，一個字也說不出來。他脖子泛紅，額頭青筋用力跳動，呼吸短促，嘴唇持續在抖動。我把身體靠近，希望能聽清楚他的聲音，但卻聽不到任何微小的音節。

我輕輕跟潔晧說：「你可以大聲一點嗎？我聽不到。」他被我這句話嚇到。他眼神變得更遲疑，聲音更柔弱。

我沒看過說不出話的潔皓，是中風嗎？還是嚴重氣喘？看起來不像，他的眼神讓我感到他非常害怕，不像是身體的不適。

時間過得很慢，寂靜的深夜彷彿沒有往前走。潔皓緊緊地握著我的手，從未放開。他忘記了力度，很大力地握著我。他像是被難以揮走的恐懼所籠罩，無法自已。我的手感到疼痛，但我不敢跟他說，我怕他感到被拒絕。我只是不停安慰他：「慢慢來，我在這裡。」

潔皓拚盡身體的力氣跟我說話，他很努力說出一個又一個字。過了好幾個小時，我終於拼湊出第一句話：「我小時候過得很孤單，很寂寞。」

整個晚上直到天亮，潔皓用了很多力氣慢慢說出他小時候的經歷。他告訴我，他沒有跟爸爸媽媽住，三歲時被放在奶媽家後，媽媽沒有來接他。奶媽家跟他家在同一條巷子內，他每天走到自己家門口哭喊等待，但是沒有人出來回應，原來的家裡已空無一人。奶媽後來把他關到黑漆漆的房間，讓他的哭喊聲不會在巷子迴盪。小潔皓知道爸爸媽媽跟兩個哥哥搬去附近的新家，奶媽說：「爸爸媽媽不要你了。」

潔皓不相信，但他怎麼也找不到爸爸媽媽。

遠方有哀傷，此地有我

潔晧告訴我，他在奶媽家度過了三年，小時候感到很孤單，很寂寞。他看起來非常哀傷，沒辦法再說一句話。他好像在哭，但沒有任何眼淚，只是發出很哀傷很脆弱的聲音。他無法支撐著身體，整個人蜷曲在地上，腹部不停抽搐。他粉碎一地，像是遊蕩已經很久的孤魂，第一次為自己哭泣。

我用手輕輕撫摸他，但他被我的撫摸嚇到，整個人立即往後縮，眼神變得非常驚恐。他變得異常脆弱，像是聽不到我的聲音，也不能承載外在的任何互動。

我不知道如何回應這份深刻的哀傷。房間內的孤單與寂寞把我們兩人淹沒。白天的光變得刺眼，樓下早餐店的油煙傳遞著死亡的窒息感。我一部分的靈魂，掉落在這個晚上，永遠見證著這份孤獨與哀傷。

然而，這只是漫長敘說的開始。

●

那天起，我每天都會聽到多一點潔晧小時候的經歷。三歲的他，在奶媽家被打、被針刺手指頭、被關在黑黑的房間內、看著奶媽一家吃飯但自己只能挨餓、最愛的畫筆被丟掉、被強迫灌食。他說的童年回憶，暴力程度漸漸遞增。我努力保持鎮定，我知道若我的回應稍有不慎，這些隱藏了三十多年的回憶將會再次隱藏起來。

潔皓說得很謹慎，他不時觀察我的反應。每次述說的開始，都會橫跨深夜到天亮。有一次的天亮讓我印象特別深刻。我記得當時潔皓欲言又止，我知道他還有話想說，但他很猶豫。我努力趕走睡意，屏聲靜氣地慢慢等待。過往我很不習慣兩人對話時出現漫長的寂靜，但這一次不一樣，我提醒自己要保持沉著冷靜，潔皓需要時間醞釀，才能說出痛苦的回憶。等待的時間很磨人，心裡知道將要迎來未知的恐懼，但不能逃，不能躲，只有走過這段黑暗，我們才能離開黑暗。

潔皓開始慢慢說出他被奶媽一家四口性侵的片段。每個晚上，他都要跟奶媽奶爸一起睡。潔皓在晚上會被叫醒，安排坐在小椅子上，觀看奶媽奶爸的性行為。他們會抓著潔皓的手，強迫潔皓撫摸他們的性器官。

聽著潔皓描述一個又一個片段，我再無法隱藏心裡的哀傷。我心碎了。我心愛的人被傷害，但我沒辦法逆轉已經發生的事情。到底一個三歲的孩子，要經歷多少苦難才能成長。我眼前的潔皓，到底獨力撐過多少痛苦，才能活到現在。

遠方有哀傷，此地有我

我很傷心，眼淚不停流下。我停不到我的眼淚，淚水模糊了我的視線，模糊了前路。我的胃在翻騰，胸口變得很重。我很自責，為什麼我沒有早點發現，讓潔皓獨自一人面對這些痛苦三十多年。我很害怕，潔皓到底還有多少未知的可怕經歷。

突然有一剎那，我發現潔皓靜靜地看著我，像一個小孩一樣看著我。我當下醒過來，提醒自己，受苦的是潔皓，我現在只是在聆聽，我一定要好好聽完。我擦走眼淚，跟潔皓說：「他們這樣做是不對的，任何人都不可以這樣對待小孩子。」我要讓潔皓知道，無論發生什麼事情，我都會在他身邊。最恐怖的事情已經結束了，他們不能再傷害潔皓。

在無數的黑夜中，我和潔皓不斷前行尋找出路。我們不知道未來的樣貌，但我相信只要我們攜手共同面對，白天總會來臨，我們的生命將會無比璀璨。

靈魂擁抱，寶石璀璨

潔皓

當我試圖遺忘的記憶擺在眼前時，我撐不住，我所知道的自我一塊塊粉碎，變為塵埃。過去我試圖把我還擁有的東西，拼湊為一個大家都認得，也認為正常的小孩。我知道裡面隱藏了東西，我有試過把它擺到陽光底下讓大家認識。大家不是擺出憐憫的眼神，就是擺出厭惡的眼神。但從來沒有人引導我，我到底是誰。

我只是很努力地去當一個他們想像中的好孩子。無論是成績還是藝術，都是在符合他人期望。但是我知道我心裡有個東西，不斷在發出信號。像是在一個醒不過來的噩夢裡，遠方不斷有微弱的光芒在呼喚我醒來。

我不敢醒來。醒來代表著我要面對我棄置三十年的事實。不是我想遺棄那時候的我，而是我毫無能力帶著受傷的我前行。每個人都當作沒看見他，也沒人打算和他建立任何連結。如果我留下來，我很害怕被所有人拋下。

所以我走了，離開那個受害、需要幫助的小男孩。但每天，他都在我心裡哭泣，告訴我他就在這裡。他的悲傷就是我的悲傷，隨著日子愈久，我愈感到生氣。有時候生氣身邊的人，有時候生氣我自己。我生氣每個人都裝作他不存在，包括我自己。

我把他關起來，關進地下室，關進高塔裡，冷凍在冰山底下。我對他說出每個人都對他說過的話：「我很忙，沒空處理你。」我隔絕了我自己。曾經我立志要當個沒有感覺的人。沒感覺的人就沒有痛苦，也不會哭泣。我以為這就是成熟、長大。我是個在冰塊中成長的男孩。

我常對於有感覺的自己非常生氣，痛罵自己沒用，不夠堅強。長大的過程裡，我奮力在抹平自己情感的痕跡與回憶。

思寧剛認識我的時候，形容我和我的作品給人的感覺，像是被冰塊包住的火焰。

遠方有哀傷，此地有我

當她說出這句話的時候，我心裡好像有誰醒了過來，我過去努力否定的那個悲傷男孩在冰山裡發出心跳聲。過去的我，會飛也似地逃跑。我不想讓我掩飾三十年的冰山崩解，我不想在眾人面前顯現真正的自我，那個每個人都拋下的怪物。奇怪的是，我心裡那個每個人都害怕的怪物，從思寧眼中反射出不同的光芒。

野獸厭惡自己是個怪物，將自己關在無人的古堡裡。思寧看見的不是怪物，而是一個善良且渴望愛的生命。像是一場靈魂的雙人舞，我們看見對方如同一顆寶石，當這場舞跳得愈快，旋轉角度愈多，我們愈看見蒙塵的寶石底下，閃耀著璀璨的光芒。

她擁抱了我的靈魂，我碰不到的心靈深處。

●

一個天真的孩子，本身就是閃耀奪目的。他充滿元氣向世界吶喊：「你看見我的快樂與悲傷了嗎？」他需要的是愛他的人告訴他：「我看見你，我感受到你，我愛你。」生命的光線無法在空曠的宇宙中無目的放射，他需要和相愛的人形成小宇宙，從對方的眼神裡，肯定自己的存在與意義。這是生命之初的功課，也是一個曾被愛過的生命，一生回顧取之不絕的能量。

靈魂的擁抱融化了冰塊。過去我認為堅強的、成熟的冷漠面具完全崩解。過去記憶的保護鎖被解開了，我像是初生嬰兒般脆弱，真切地為我的回憶哭泣。

我是個在火焰中成長的男孩。當奶爸威脅要殺死我的時候，死亡的威脅像是熊熊大火在我眼前打算吞噬我的生命。當我雙腿發抖、眼前花白，深知自己難逃死亡命運的時候，我決定對著那個死亡的火焰大喊。那不是什麼策略，也不是什麼智慧，只是我不想輸給那個想殺死我的命運。自此，恐懼的火焰再沒停過。

生命給我的挑戰，並不是一關關來的，而是在我尚未認識世界之前，先認識摧毀生命的力量。生命的火焰隨時要吞噬我，如果我不想被它吞噬我的意志，唯一的方法是擺出無畏的姿態。但實際上我很害怕，我和死亡只有一步之差。我無法決定我的命運，但我不能倒下。

在冰塊融化之後，恐懼的火焰也跟著熄滅了。在火焰的灰燼之中，留下的是一個新生的生命，如寶石般閃耀著璀璨光芒。我沒有想過，有人可以看見我靈魂真實的樣貌。它既是冰冷又是火燙的，既是黑暗也是光明的，但不是透過思寧的眼睛，我

遠方有哀傷，此地有我

看不見真實的自己。

感受太過於真實且疼痛，過去拼湊出來的自我失去意義，現在一塊塊化為灰塵，從這世界上消失。世界變得空曠而寒冷，我飄蕩在其中，抓不住任何東西。我像是一個盲目的新生命，無法睜開眼睛。世界太過於吵雜亮眼，而我沒有任何保護。

被迫長大的小木偶

潔晧

曾經看過一位日本醫生寫道，某些孩子因為出生時環境就處在嚴苛的狀態裡，而成長的過程這樣的環境也無法改變，所以他們活在這世界上的感覺無法像一般家庭成長的小孩一樣。他們會覺得與世界格格不入，雖然身為地球人，卻感覺自己像個外星人。生命中少了什麼，但他們無法辨別，因為從一開始就沒有。他們會努力模仿與身邊人一樣的生活，但總有一種奇怪的感覺，像是人生中最重要的一塊拼圖消失一般，怎麼努力也尋找不到。

遠方有哀傷，此地有我

生命的動力建立在人與人的連結上，我們簡稱為愛。無論是對人的愛或對不同物種的愛，重點在連結。這樣的連結開始於生命的開頭，也就是和父母的連結與依附。

因為得到父母的愛，我們得到在孤獨和黑暗的宇宙裡最初始的座標，生根茁壯，情感得以成長。因為深刻的連結，我們得到了根，並且繼續滋養、擴散我們生命中感受到最深刻的情感，並將這樣的情感擴散到生命中的每一個角落。這樣的生命是圍繞著愛與連結發展的，至死方休。

但不是每個生命都得到愛與連結，有些幼小的生命是出生就被遺棄或是虐待長大的。在這樣的環境下，生命若能倖存下來，是圍繞著失落與缺憾長大的。他在這個宇宙沒有座標，只能飄蕩遊走，尋尋覓覓。就像個沒有生命的小木偶。

在空缺中長大的小孩，就像木偶奇遇記，在險惡的人間尋找愛。他能感受到愛，卻認不得這是什東西。他被關係與愛所吸引，卻不知道如何維持。不懂愛的人在尋愛的歷程裡，必然要經歷折磨。不知人間險惡的生命，卻要尋找真摯的愛與信任，必然遍體鱗傷。

小木偶故事的核心是什麼？過去老師都是告訴我們不要說謊，不然就會像小木偶一樣鼻子變長。但我的解讀不一樣。皮諾丘本來是木頭，不是人的物體被仙女賦予人的心，本來沒有感受的木頭，卻開始感覺到愛。

很多受虐長大的人，感受是麻木的。並不是他們選擇麻木，而是成長、生存對他們而言就是痛苦和缺憾。麻木是當時唯一的生存之道。但他們還是會遇見愛。遇見愛的時候，麻木的心靈感受到愛，就好像仙女降臨，被賦予溫暖的生命，融化他生存的麻木，賦予他生命本來的感知與聯繫。

這樣的感知，對未曾見過愛的人，是新奇並且困惑的。他會被其所吸引，卻不知道愛與信任的特質與維繫是什麼。生命、愛與感知並不是永遠溫暖的，能感受到溫暖，也必然感受到寒冷與挫折。

●

麻木本身是種倖存者成長學習而來的保護策略，在關係中受到挫折的倖存者，很容易再回到孤立、麻木的狀態，因為他們不懂愛為什麼那麼痛，那麼讓人害怕，但又讓人嚮往。他們會在心裡吶喊：「為什麼我要有感受？為什麼我不是一塊木頭就

遠方有哀傷，此地有我

好？」

活著為何想要拋棄我們的心和感受？那必然是生命遭受常人無法忍受之事。若不是想拋棄人的心，倖存者的另一條路就是遍體鱗傷，在嘗試、錯誤中尋求愛的方法。

世間有誰會無條件支持你、真摯對待你？除了家人，大概很難找到。但不是每個人都有家人。沒有家人的孩子，在尋找家人的過程裡，是充滿失落與痛苦的。他們要嘗試很多錯誤的方法，才能在險惡的世間找到一條信任的路。

小孩所有錯誤的嘗試都是為了生存。如果不是為了適應非人的環境，小孩不需要嘗試極端的生存方式。包括當一個做錯事的小木偶，被鯨魚吞進肚子裡。

每個小孩都有一顆純真的心，但純真的心要在險惡的人間尋找純真的愛，除非有不離不棄的守護者、引路人，否則必然遭受磨難。

我們每個人的角色不同，有些人會是仙女，賜予愛、給予方向，但不一定有機會守護及引導孩子。有些人會是引路人，在孩子做錯事、走錯路時給予指導、給予方向。有些人會是家人，給予支持、給予溫暖，共處一個療癒、放心的身心空間。我們無法扮演所有角色，但我們會在不同場域扮演不同的角色。一個療癒的社會，不是沒有受傷的孩子，而是每個受傷的孩子，都有機會遇到不同的角色，並有機會找到屬於自己想要的人生。

其實我知道我的人生在不同的時刻裡，都有仙女賜予我生命的溫暖，以及引路人給我燈光，指引我方向。但這段路還是走來痛苦、跌跌撞撞。我扮演了一個無關自己人生的小木偶，隨波逐流，等待著靠岸的那天。

這個世間，究竟有多少小木偶，又有多少引路人。願你我，都是另一個人的引路人。

第四章

幸福的相對位置

生存的座標

潔皓

傷痛時常讓我回到過去，像坐著時光機回到痛苦發生的當下，凝聚著我對自己的思考：如果我當時做出不一樣的選擇，會不會有不一樣的結果？我能避開悲慘的結局嗎？旁人會勸說這是沒意義的思考，因為發生都已經發生，無法重新再選擇。

但對我而言，我的過去影響我對未來的選擇。我想的不是如果沒有這段過去，我現在是不是能活得更好。我不想否定我的過去。相反地，我想從我的人生裡學習，究竟這些我無法選擇的事，所有發生在我身上的情感，代表了什麼。

我的靈魂在提出疑問：是否理解了苦難，我就能理解生命更多一點？如果我能了解什麼是痛苦、什麼是愛，我再次遇見時是否能理解到其珍貴之處？

愛不只是愛，是人生一連串選擇的縮影。人生有許多悲痛，有人的悲痛始於生命之初，有人始於早期童年。無論如何，這些悲痛都影響甚至定義我們對自己的看法。

我們如何感覺自我，直接影響我們對親密關係的選擇。是在蒼茫大海中等待救援？還是洶湧潮流中奮不顧身？抑或沉入在冰山之中露出一角，等待有緣人挖掘？尋找愛並沒有一種對的方式，只有一千萬種嘗試和學習，而你只需要對一次。

但與其焦急得如精衛填海般，想要填滿情感的空洞，不如在錯誤的經驗中打磨自我。有人會尋找熟悉的愛，因為他被愛過，在愛中成長。循著舊有的路徑緩慢修正，愛不只是熟悉，還包含自己的選擇與創造。

但有人從未被愛過，愛在生命中是電影、是影集，是讓人疑惑是否真實存在的羅曼史。在這種情況下，愛以一種空缺的形式出現在生命裡。

有人會說是人生被偷走了。在我們最脆弱的時刻，卻被迫學習與缺憾成長。有人說既然是未曾擁有的東西，就不曾被偷走。它只是不存在。雖然殘酷，卻不得不接受。

對我這樣未曾擁有完整的愛的人，自然會產生疑惑：愛該是什麼模樣？既然是未曾擁有的東西，它就不會是以你認識的方式出現。即使你努力在影集裡想像，但它出現在你生命裡的樣態超出你的想像。

●

有時候我們被絕望遮蔽了眼睛，感受不到溫暖，看不見光芒。是有這樣難以迴避的時刻的。在這個時刻裡，你期待、你希望，然後再被抹煞。沒有情感的連結，就沒有活著的感覺。你會焦急絕望地抓住遠處的光線，和任何一點空氣的流動，直到你掙扎認清毫無意義。

你進入了死亡的國度。在那裡，死與活並沒有差異。活著就是死亡，死亡就是活著。死者之國沒有時間，瞬間與永恆，嘗起來味道是相同的。這份體悟會伴隨你到肉體死亡那一刻，也不會改變。在這種狀況，繼續維持肉體的存在，究竟還有什麼意義呢？

戀愛是過於模糊的詞彙。我試著猜想這超出我能力的詞彙：它應該是人與世界的

遠方有哀傷，此地有我

關係。進入到死者之國的人，有著各種原因，斷絕了與世界的關係。這樣的關係是否能重生？這是必然的，但不會是以我們認識的模樣。

它也許是一座山、一片海，也可能是一隻貓、一隻狗、一隻從樹上跌下來的幼雛。它可能是個男孩，也可能是個女孩。那個人可能是一片陽光照在身上的感覺，或一陣微風輕輕圍繞著你打轉。它可能是一個想法、一個方向，或一份思念。這個世界以各種超乎想像的方式愛上你，或讓你愛上它。

戀愛不只是戀愛，它是人生。當人生走到這一步的時候，它關乎到一連串死後重生的抉擇。經歷過死後重生的人都知道，不是人不想選擇活著的感覺，而是關係的死亡是必然，所以必須慎選關係的開始。有些人對愛的誤解是：沒有開始，就沒有傷害。沒有認真，就沒有失望。那是沒有看清愛的本質。愛的本質和生命一樣，有出生，有死亡。有快樂的回憶，也有痛苦的回憶。只有活過的人才能品嘗生命的甘苦。

即使認清它真實的本質，也不代表它逝去時會比較不痛苦。我們唯一能做的事，是在有限的人生中選擇去愛或不愛。即使只有一瞬間，它也點亮生命的火光。不愛也不代表人就會失去希望。我們只是需要時間去思考：我是誰？我是什麼？我有資格愛嗎？我有資格被愛嗎？我能在這關係中存續嗎？這段關係中，有多少是我能控制的？有多少是無法預期的？如果這不是我能承受或我想要的，我能離開嗎？這些問題，都是在一次又一次的失去中，銘刻出更深一層的體會。

愛就像陽光一般，你無法抓住或強留溫暖在你身邊，你只能在它照耀下來的那一刻，決定你要不要享受陽光的擁抱。陽光不會因為你曾經被陰影圍困，而不照射在你身上。只是當它照射在你身上的時候，更耀眼且更溫暖而已。當愛來找你的時候，你不是祈求這份愛永存，而是全然地接受。

當思寧邀請我吃飯的時候，我並沒有意識到我的人生會因為她而改變。當我邀請她吃飯時，我也沒意識到我們將要開啟一段什麼樣的人生，克服什麼樣的困難，去到一段什麼樣我們不曾想像的風景。

也許是在她語速還是我兩百倍的時候，我還沒意識過來。也許是她哭泣的時候，我心底的冰山融化一角。也許是當我選擇握著她手的時候，命運的齒輪開始轉動。也許是她握住我的手的時候，她拯救了我，但沒有人知道。也許是某個守護著我們的靈魂，在我們心靈深處細語，告訴我們抓住眼前轉眼即逝的一刻。

死亡的陰影被我們暫時擱置，過去拖住我腳步的回憶都被我暫時遺忘。我想活，

遠方有哀傷，此地有我

生命中所有細胞都在吶喊，我想再活一次。靈魂的呼吸再次復甦，北國的積雪融化，某種熟悉又未知的感受引領我們對生命的好奇，人生一連串的選擇濃縮在這一刻，雖然我沒有特地在人生的備忘錄記錄下這是我人生最珍貴的一刻，但當我死之後，我很自然預見我的歷史書上這是記錄我重新再活過來，開始一段新生命的瞬間。

當死亡再次降臨時，我會聰明一點嗎？我會哭喊、打滾、後悔不已嗎？還是我會冷靜而痛苦地接受，我做出了最好的選擇？人因為相信、相愛而痛苦，而後悔受到傷害、遭受背叛，甚至面臨死亡，但人還是選擇再次信任。為什麼要這麼傻呢？是因為我們看見殘酷命運的遠山有微光，所以我們追尋這盲目的希望，還是我內心有難以解釋的衝動，想要相信在這無盡空洞的宇宙裡，有和我們相同的人，有相同的期待，相同的愛，也同時在尋找著我們呢？

誕生在無限宇宙中的生命需要座標，沒有座標我們不知道自己是誰，又要往哪裡去。回憶是我們的地圖，愛則是引路的光線。每個人的地圖很不一樣，因為我們活下來的方式很不一樣，而每種活下來的方式都值得尊重、欣賞。許多人沒有保護，在黑暗中摸索，跌跌撞撞。愛像一道光芒，告訴我們前方有路，可以再跨出一步。

我的三歲老公今年長大兩歲

思寧

很多人都說，結婚後，老公變了另外一個人，他之前不是這樣的。當時我沒辦法體會，直到婚後第六年，潔皓終於準備好，成為第二代老公。我來不及道別，也來不及準備，我認識的潔皓在一個晚上後，就不見了。

潔皓等待這一刻三十年了。這是他對三歲的自己所許下的承諾：「活下去，不要忘記。我希望有人知道我發生了什麼事情。」

潔皓當時三十四歲，隱藏在回憶深處的潘朵拉盒子打開了，童年一切被遺棄、虐

遠方有哀傷，此地有我

待、性侵的回憶，一夜後變得歷歷在目。我們的生活也自此不再回復過去的平靜安逸。

無法出門是我們生活的第一個大改變。出門對當時的潔晧而言，實在太可怕了。因為在街上，你無法控制會遇見什麼人，聽見什麼聲音。

男人是可怕的，因為太像三十年前說要殺死潔晧的奶爸。

女人是可怕的，因為太像三十年前跟她先生一起性侵潔晧的奶媽。

青少年是可怕的，因為太像把精液給小潔晧喝，還強迫潔晧為他口交的小哥哥。

少女是可怕的，因為太像小姊姊。小姊姊的溫柔是一種計謀，會讓天真無知的幼兒自願為她口交。

幼兒的身影和聲音，會讓潔晧全身僵呆，無法動彈：「我被虐待時，就像這個孩子那麼小嗎？」

眼神是世界上最可怕的接觸，街頭上所有人都變成梅杜莎，只要不小心與他們的眼睛對上，潔皓便會在原地石化。

我們只能窩在家。潔皓會躲在他的安全角落，用被子把自己包得緊緊，只露出小小的眼睛，在房間的暗處看著我。記得不要跟他直視，要不然對上眼的一剎那，他會再次躲起來。

●

第二代老公，像一個三歲的孩子，脆弱而可愛，而且要溫柔對待。

三歲的老公不能獨留家中，因為只有一個人的時候，家裡就剩下他跟不好的回憶在一起。他不想自己一個人，生命的經驗告訴他，只有一個人的時候，會有不好的事情發生。

買菜寄信繳費等生活瑣事，還是得出門。與三歲老公出門是一個挑戰。不能離家太遠，不能離家太久，不能跟人對上眼，也不能碰到雨水。先為老公戴上帽子，帽子要半蓋眼睛。出門時提醒他眼睛盯著地，手緊扣我，跟著我走，便不會走失。再戴上耳塞，製造隨身的寧靜。穿上防水鞋，帶著雨傘，有備無患。

遠方有哀傷，此地有我

遇到工作要遠行，得跟三歲老公好好討論安排。轉兩次公車，再工作會議兩小時，最少要半天才能回家。出門雖然是大挑戰，但總比一個人留在家中好。遠行的包包要準備好，水跟零食在身邊便不用再挨餓。備上水彩、紙和筆，三歲老公便可創造陪伴他的小生命。我為他在餐廳找到一個好位置，可遠遠看到在開會的我。再配上餐廳的炸薯條，即使在紛雜的環境也能心裡多一分暖。

身邊的朋友和夥伴都很體貼和支持，開會時都會帶零食給潔晧，也會很期待看他畫的每一張畫。每次回程的公車上，潔晧都會握著我的手，靠在我身上熟睡。看著疲累的他，我總感概出門遠行對三歲的他是多大壓力的事情。

三歲的老公不會帶來任何麻煩，是生活的好夥伴。讓我困擾的是他不多說話。我想知道他的需求，我在意他的感受，但大多時間他只是靜靜地待在我身旁。

這像是一場考驗，我要有耐心。要理解三歲老公的需求和感受不容易，眼前的他被恐懼與不安籠罩，他時時刻刻都小心翼翼，觀看著我的反應。兩人過往的互動經驗變得沒有參考價值，這是一個新的世界。潔晧像是在重新認識自己的感受，辨認自己的需求。

在這個重新啟動的歷程，第二代老公沒有笑容，沒有胃口，也沒有行動力，整個人被掏空無法再支撐自己。潔皓連續多天沒力氣起床，也沒吃多少東西。我感到恐懼與迷茫，以前的潔皓在哪裡？

我不知道家有三歲老公的生活要維持多久。三歲小孩兩年後會變五歲，但沒人能預計三歲老公明天是幾歲。無法預測的未來讓人不安，不過無論潔皓幾歲，我還是希望他能吃好睡好，而且我永遠愛他。

我擔心他對吃失去欲望，輕輕問他：「有想吃的東西嗎？」潔皓用遲疑的眼神看著我，久久沒說話。我知道要慢慢等待，眼睛不能看著他，要不然他會有壓力。時間慢慢過去，我的提問漸漸在空氣中消失無蹤。我正猶豫是否要再問一次，潔皓小聲地說：「我想吃冰淇淋。」

潔皓像一個小孩看著我，深怕我會拒絕他。我心裡不捨，回想著我們一起生活的六年，我因擔心他氣喘復發，常常不鼓勵他吃冰淇淋。我不想讓潔皓再次感到匱乏，當下立即把氣喘藥放在包包，一起出門吃冰淇淋。

冰淇淋自此成為我們生活中最神聖的食物。為了冰淇淋，三歲老公總會願意出門走走，而且三歲老公乖巧有禮，永遠只挑選最便宜的冰淇淋。雖然冰淇淋配氣喘藥好像不太對，但只要潔皓還對存活有所期待，那就不要計較太多。我們心裡也清楚，冰淇淋不能減輕潔皓在面對的痛苦，但在復原的路上能有一絲安慰，至今我依然對冰淇淋心懷感激。

遠方有哀傷，此地有我

●

童年的創傷回憶曾把潔皓壓垮，但我知道他每天都很努力跟內在的三歲小孩對話。我們搬到偏遠的山上，離開眾人的眼睛。新家的螞蟻、菜蟲、蝴蝶成為三歲潔皓的新夥伴。潔皓會為蟲蟲拍大頭照，讚嘆牠們的表情精緻多變。他會跟蹤螞蟻，並放黃糖在牠們回家的路上，祝福牠們的小孩平安長大。潔皓有時徹夜未眠，等待蝴蝶孵化。蝴蝶也認得潔皓的溫柔，來回飛到潔皓手上，久久才開始遠行。動物的眼睛，也給潔皓很多安慰，我們有時出門就是為了尋找一貓一狗。

眼前的三歲老公，依然是我認識的潔皓，對世界溫柔善良，就像三歲的孩子一樣。年幼的他被殘酷的世界遺棄，過去累積的哀傷與寂寞，從來沒有好好得到安慰。受傷的靈魂被放逐在三十年前某個黑暗的角落，沒有機會被好好愛過。我每天起來，都會好奇老公今天幾歲，有時是三歲，有時是五歲，有時是三十五歲。無論

停頓的時間

潔晧

時間所以會停頓，是因為人對世界的感受停了下來。生存成為一個枯燥的選項。不，認真說，它連選項都不是。血液失去溫度時，也不再流動。活著就是標本，品嘗不到生命的味道。人存在，墓碑也存在，卻分不出來自己和石頭的分別。

是什麼東西壓垮一個人？生命生存的本能是與人產生情感連結，與最親密的人，我們稱之為「家人」，建立一生的聯繫，為你所愛的人努力、犧牲及付出。這是課本上教我們的事情，也是多數人歌頌、傳遞的價值。

但一個被拋棄的兒童可以做什麼？一個被家人背叛的小孩可以做什麼？冒險求助陌生人給我一份愛？虎視眈眈的獵食者們都在等待羔羊送上門來。躲避獵食者的追捕，也是生存本能。活下來的孩子們學會各式各樣的生存方式，但這些生命之初倖存的選擇，也帶給我們之後困難。

生存就是避開危險活下來，但當生命周遭的環境就是危險，想在每天危機四伏的環境裡找到避開危險的方法，幾乎是不可能的任務。在這樣殘酷的環境裡，孩子們發展出各式各樣創意的方式活下來，但也付出極大代價。

三歲的我試過把自己當作一顆石頭，告訴我自己，別人怎麼碰我、打我，甚至性侵我，我都沒有感覺。我也試過把飢餓和痛苦的感覺，銘刻在暫停的時間裡，告訴我自己這一刻不能忘記，在人生所有的時刻裡，都必須回想起這一刻的困境。這樣，我們才能活下來。

我們？我們是誰？

其實都是我，但在無止境的孤寂、飢餓和痛苦裡，只有我能陪我說話，鼓勵我自己要活下去。為了活下去，我會找一片牆壁，想在上面找到兩個汙點，用力想像它們就是人的眼睛，那麼我就可以跟它們說話。說的內容也不多，其實就是希望有人

遠方有哀傷，此地有我

能了解我的寂寞與痛苦。有時候找不到這種東西，我就會找張桌子或椅子，想像它們有眼睛、有鼻子、有嘴巴，可以跟我說話。

最好的傾訴對象是我的玩具，因為它們有人臉，或動物的眼睛，我可以真實地感覺到，它們會感覺到我的悲傷與寂寞。我想在玩具小小的、沒有生命的眼睛和鼻子上，感覺它們的嘴唇會動，開口給我一點點的安慰。雖然從未發生過，但在祈求和等待的過程裡，時間是停止的，我像是在另一個空間裡，等待玩具活過來的救贖。

在這無止境的時間裡，我常思考同一個問題：我要怎麼逃出這裡？該做什麼，才能避開這些恐怖的人？我沒有想出什麼偉大的答案。我只知道這場戰爭有輸有贏，而大部分的時候我是輸的。

但我很清楚知道一件事，在那些停頓的時間裡，我被奪走了可能性。很多可能的幸福、快樂的選擇，從未降臨，也從未進入到我的視野裡。因為親身品嘗這種命運的殘酷，所以也深刻感受這種殘酷不應該再出現在另一個人的生命裡，尤其是孩子們身上。

無論在任何時刻，我都在回答我在那些停頓的時間裡所問的問題。青少年的時候，我選擇否定自己的感覺，以符合這些痛苦在我身上持續產生的痕跡。再年長一點的時候，我選擇符合別人的標準與期待，試圖遺忘我和別人格格不入的理由。我像是一個水庫一樣，將所有的苦水都圍堵在我內心深處。

要保持內心這片苦海驚濤駭浪的平衡，幾乎是不可能的任務。當我有難以形容的哀痛時，我身邊都是無憂無慮的同學。他們像是我內在狂風暴雨裡的小蝴蝶，輕盈而美麗，但不會改變天氣。

有些日子早上醒來，似乎有那麼一瞬間，一切悲慘的事都從我內心裡消失了，我會祈禱那短暫的感覺可以持續到永恆。但現實就是很殘酷，隨時把你帶回無法回應的痛苦裡。

在這無盡的時間裡，我想抓住流逝的生命。試圖以對生命的熱情覆蓋悲傷，想以狂熱專注掩蓋痛苦，以擁有取代空虛。有時候埋頭在學業裡，有時埋頭在創作裡。確實在這無盡的時間裡，非常適合做一些沒有盡頭的追求，但在這無止境的追求

遠方有哀傷，此地有我

裡，常常感到愈努力往上攀登，克服愈多困境，猛一回頭遙望，卻發現最簡單的期待卻從未曾發生過。那就是情感連結，我期待能和人分享我的感受，以及我一路以來的努力。但我在遇見思寧以前，這件事情從未發生過。我放棄過很多次，也努力過很多次，但成長像是個無止境的難題，圍困著你。

我小時候的期望就是我能變成一顆石頭，這個願望也幾乎成真。我現在常努力在搬開我過往在情感上立下的石頭。在努力搬移的過程裡，我試著心懷感激。過去是在無限的空虛裡，我立下這些石頭作為路標，以防自己忘記這些痛苦的時刻、忘記找回自己的路。今天我有機會摸著一顆顆石頭，尋回過去靈魂的痛苦。我並不覺得它們只是我人生的阻礙，反而是在重複搬移的過程裡，我像是薛西佛斯，在看似無盡的苦役中，體會靈魂的重量，思考存在的哲理。

背著過去的石頭，我是不是有覺得有過不去的地方？是，我也曾會覺得背負著沉重的負擔很辛苦，想拋棄過去、拋棄一切，遠離這些痛苦的事。但隨著我搬移過一些小石頭，然後又搬走一些大石頭，我發現移動這些過往沉重的負擔，並沒有我想像中困難。搬起來是重的，但我搬得起來。一點一點搬，加起來的重量也超出我以為自己不可能搬動的重量。有點像是重量訓練，今天搬不起來的重量，不代表你之後也搬不起來，只是需要時間。

時間一點一點慢慢在轉動。一下就想變得輕盈也不切實際。我像是薛西佛斯，每天背負我能背負的重量，一點一點在我想走的路上，搬移過去的困難。

無法從噩夢中叫醒你

思寧

我常常在睡夢中被潔晧嚇醒。我曾經因此而生氣，但很快轉為生氣我自己。我們剛同居時，兩人都還是學生，沒有太多收入，住在雅房一起睡在一張單人床上。兩個人睡在同一張單人床上好像很誇張，但其實沒有很擠，因為我們兩人都瘦瘦的。再加上台灣的單人床比香港的單人床寬敞很多，所以一起睡單人床實在沒什麼難度。

比較困擾的是夏天，兩人黏在一起睡會超級熱。我們那時住的雅房在頂樓，沒有冷氣，天氣熱的時候，房間真的很像蒸籠一樣，會熱到中暑。我們夏天時便會把床墊拉到地上，把半個身體靠在冰涼的磁磚地上，散熱效果一流。細小的空間與炎熱的溫度雖然帶來挑戰，為了省錢，燃燒一點意志，還是可以克服。然而睡覺確實燃起了幾次我想吵架的衝動。

兩人睡在單人床上，很容易感覺到對方的一舉一動，幸好我是容易熟睡的人，潔皓轉身或是伸展的動作，並不會把我弄醒。不過被踢又是另外一回事。好幾次在我完全熟睡、沒有防禦能力時，被潔皓急促抽動的腳踢醒，或是被他大力地握住而嚇醒。

起初幾次被他踢醒時，身體會自然湧出滿滿的不爽與哀怨。當我跟潔皓抱怨時，發現他在熟睡中根本聽不到。我冷靜想一想，既然他是睡著的，代表他不是故意，那也就不要計較，趕快繼續睡才是王道。

然而，這種互動發生好幾次後，我慢慢發現他不太像是「熟睡」。他的眼睛沒有緊閉，眉頭緊皺，非常用力地磨牙。我有點擔心，輕聲跟他說，「還好嗎？在做噩夢嗎？你磨牙很大力喔。」潔皓大多是機器式的回話：「是嗎？我不知道。」然後又秒掉回剛剛的身體狀態，繼續磨牙，繼續抽搐身體。

遠方有哀傷，此地有我

我起初沒有太在意，人不就是會做噩夢嗎？潔皓做噩夢也是正常的吧。我只是擔心磨牙對牙齒不好，後來去看牙醫檢查，牙醫說沒太大影響，我們就沒多作討論。

回想起來，我到底錯失了多少線索。若我當時多問潔皓一點關於他的夢境，或許他便不用獨自面對童年性侵的痛苦三十多年。我可以早一點發現就好了。

我們認識六年後，潔皓跟我說出他小時候被性侵的經歷，自此，噩夢變得更肆無忌憚地攻擊他。潔皓入睡後更快進入噩夢的狀態。從輕輕的磨牙聲開始，呼吸變得愈來愈急促，嘴巴好像不停想說什麼話。身體會不自主抽動，腳像是在踢也像是在跑。眉頭緊皺，臉部肌肉繃緊。磨牙的聲音漸漸變得更大，我坐在客廳也能聽到房間傳來的磨牙聲。

我在旁邊看著，心裡很是焦急，這一定是很可怕的夢。我嘗試叫醒潔皓，希望他能離開這個恐怖的夢境，更恐怖的是，我叫不醒他。噩夢占據了潔皓的身體，挾持了他的靈魂。伴侶陷入痛苦深淵，我只能看著他掙扎逃命，什麼也做不了。

晚上成為了潔晧最恐懼的時候，他害怕入睡，害怕被困在沒盡頭的噩夢裡。每個深夜，他都像如臨大敵，準備迎戰已纏繞他三十多年的噩夢。雖然我不能進入潔晧的夢與他並肩作戰，但我實在無法忍受潔晧只能獨自奮鬥。我決定參與這場戰爭。

第一場戰役：放鬆大作戰

要面對失眠和噩夢，一切由重新學習睡眠開始。過往我們習慣工作或看電腦到睡前一刻，我們首先練習睡前在床上放鬆身體和心情，建立睡前的儀式。直接跟潔晧說要放鬆，是不會成功的，我一定要偷偷設局。

我慶幸自己從香港把小時候的書《My Best Nursery Rhymes and Stories》帶來台灣。我以分享童年回憶為名，每天晚上為潔晧說一個床邊故事。我會先讀出英文原文，再翻譯成中文說給他聽。後來我們也閱讀兒童性侵相關的書，我挑的都是英文書，因為讀英文書時潔晧會把注意力集中在我的聲音上，我會慢慢地說，溫柔地說。他有任何感受時，我都會停下來，靜靜聽他說。

一起讀書後，我會邀請潔晧陪我一起伸展身體。因為我的背曾經受傷，久坐會背痛，所以就以此為完美藉口，邀請他跟我一起拉拉腰，伸伸腿。潔皓身心太脆弱的時候，不太能接受太大的身體動作，所以我會邀請他協助我拉筋，邀請他跟著我慢慢呼吸。即使他不願動，我也會像磁鐵一樣吸著他來動！

然後我們會喝一點溫暖的水，一起回想今天做了什麼，一起計畫明天三餐吃什麼。因為創傷的回憶和痛苦的感受非常霸道，潔皓不容易記起自己努力過的事情，忘記經歷過的快樂，所以我會幫他記錄每一天的大小事，作為睡前最後一個儀式。

第二場戰役：尋找敏感帶

我們開始躺在床上，嘗試睡覺。挑戰的事情這時慢慢開始。我要謹記潔皓身體的敏感地帶，然後要注意碰也不能碰！他的身體在睡前是一個超級雷達，不停監測是否有不預期的觸碰，所以我躺在他身旁，每個轉身和移動，都要小心翼翼不能碰到他的敏感帶，要不然會嚇到他。然後我會詢問他今天可以觸碰的位置，取得撫摸同意後，我會輕輕地來回撫摸他的手或背，直到他入睡。

第三場戰役：我不會先倒下

如果潔晧無法入睡，他轉幾個身後，便會起來開電腦打電動直到自己累昏，所以我要緊守戰線，一定要保持清醒，不能讓他一個人醒著。我會陪著他，一直輕輕地撫摸著他，左手累了，換右手，陪著他直至他安睡。

要辨別潔晧是否已經睡著不容易，起初我會輕聲地問他：「睡著了嗎？」沒回應的話，就代表我成功了。不過這確認方法風險太大，聲音可能會吵醒剛剛入睡的他。後來我改為聆聽他的呼吸聲。他睡著時，呼吸聲會變得比較緩慢和沉穩。有打呼聲的話就更完美，因為可以確定他已經睡著。不過很多時候撫摸他的背到我手痠了，我眼皮也睜不開了，潔晧還沒入睡。

為了不讓自己失去意識，我會出動祕密武器：開始我的意識流睡前無盡頭說故事創作練習。我會開始說故事，故事的重點是無盡的平靜。例如很久很久以前，有一隻小兔準備睡覺了，牠會跟所有玩具說晚安，玩具車晚安，彈彈球晚安……

第四場戰役：潛入噩夢

睡著是另一場戰爭的開始，噩夢會偷偷占據潔皓的身體，我要在他的噩夢出現時，潛入他的夢境。此時，搖他拍他大聲叫他的方法統統不能用，因為外在的聲音與身體觸碰會混合在夢境中，過於激烈的外在刺激會化身為噩夢中的怪物。

既然潔皓在噩夢裡聽得見我的聲音，我要用我的聲音進入他的夢。為了讓潔皓感覺到我在外面，我會持續輕輕地說：「沒事，沒事，做噩夢了。沒事，不是真的。我在這裡，不用害怕。」聲音的聲調與語氣是關鍵，我過去照顧嬰幼兒的經驗這時發揮了神奇效果。

我會同時輕輕握住他的手，非常溫柔地撫摸他的手背。這肢體接觸是我們兩人多年常有的互動，不論是睡前、在公車上、看影集，我常常會握著潔皓的手輕輕撫摸。我需要在潔皓困在噩夢中時，啟動這個熟悉的安全連結。

要擊退困擾潔皓三十多年的噩夢是長期戰役，不會一兩天就成功。幸好，累積了好幾次的成功經驗後，上述的策略愈來愈有效果。潔皓即使遇到噩夢，也比較容易從驚嚇中平復心情。復原歷程進入第二年，潔皓噩夢的次數與強度明顯減弱，不過當我們成功打贏對抗噩夢的戰役，我卻輸了自己睡眠的戰爭。

連續幾年在睡覺時維持警覺後，我開始忘記如何入睡。即使閉起眼睛，耳朵還是很注意地聽著身邊的聲音，難以放鬆。常常在潔皓睡醒後，我才真的睡著，因為潔皓的熟睡太珍貴了，我總是擔心他沒睡得安穩，擔心他被噩夢驚醒。

幾年前一個晚上，我再次被潔皓的夢話驚醒。我趕快瞪大眼睛，起來安慰他，但他竟然是一邊說夢話一邊在偷笑！當下我感到異常生氣，我不敢安睡，他卻在夢裡快快樂樂。當我回神，我怎麼在生氣他的快樂。他從來沒有快樂的夢。他在夢裡遇到快樂的事，實在太好了。我的眼淚不停流下，一直以來的努力，終於有了最珍貴的回報。

回顧生命的靈魂

潔皓

沒受過虐待的人不需要去想：如果我錯過了眼前這一餐，我需要再等多久。如果今天晚上我睡著，會不會有人抓住我的手腳強暴我。如果強暴我的人要羞辱我，我要不要遵從，以換得我下一餐的溫飽。他們不需要面對生存的抉擇。遭受虐待的小孩與沒遭受到虐待的生命，一開始生存的處境就完全不在同一個基礎上。

所以當有人問說吃不飽該怎麼辦，另一個人回答為什麼不多吃一點吃到飽，那就單純只是殘酷。我們該問的是，飢餓的靈魂為何飢餓，面對生命的殘酷，我們有什麼選擇和可能性，讓一段生命重拾希望。

問這個問題愈深入，愈掉入人性的海裡，有無邊無際人類所創造出來的悲劇等著我們省思。然而無止境的悲劇可以輕易打垮一個人的意志，我們必須限縮可能性，才能找到活下來的方法。

我的方法是，看看自己的人生，再看看別人的，是否有些共通之處值得參考，又有什麼分歧點造成兩個完全不同的生命樣貌。我的生命接受過數不盡的勸告，告訴我忘記吧、不要再想、要感恩、要原諒、要放下。單看一面的言論都是不足的，甚至非常偏頗，像是在諷刺你為什麼不吃飽。

我要回顧的，是我對生命的情感，為何在當時感到困難，又為何產生依戀與期待。那些期待合理嗎？像是想吃飽睡好的期望合理嗎？在這種悲慘的經歷上，我需要放棄我想吃飽睡好的期望，以符合身邊人的期待嗎？很自然地我覺得我不需要和另一個不在意這些痛苦，只是要求我放下的人再多說一句。

但除去這些站在高地上鄙視他人悲慘命運的對話，我還是必須面對我的靈魂。回顧生命的靈魂，像是不曾癒合的傷口，重複一刀一刀地切著。因為切在靈魂的傷口上，一切似乎都在祕密地發生，所以除了自己以外，沒人知道、沒人看到。叫

遠方有哀傷，此地有我

出來吧，哭嚎出來吧，如同出生時嬰兒使盡生命的呼喊，但卻包含著被當成瘋狂異端的風險。

當我和試圖掩瞞這段傷害的人一起成長，我最常得到的解釋是：這是你的問題。當電視上出現自殺的新聞時，我的父親會直直看著我的眼睛，跟我說自殺是件很羞恥的事。好像他已經預見我的將來。

●

「瘋狂」這個詞在我們這個時代被極端誤用，它不再代表一個需要幫助的人，而是代表一個需要被監禁、管控的人。我們略過檢視傷害他靈魂的歷史，而反過來誇飾它悲劇的結果。

揭露靈魂的傷口帶著極大的風險，因為它代表著利害相關的人想掐著靈魂真實的哭泣，要眼淚不要掉落在泥土上，讓大地的母親無法覺察到我們的悲傷。扼殺一個人的靈魂，與殺死一個人的生命相去不遠。

那麼再除去這些想扼殺我的人，為什麼我的血液還是結凍的，話說不出口？也許我的靈魂深處有不想回顧之處，我帶著不切實際的幻想，試圖要排除這些痛苦在我的生命之外。我忍不住會去幻想，如果我是另外一個人有多好。他的人生，無論是哪個人的人生，都會比我好。

為了麻木我的感覺，我會去看戲劇、看各式各樣的情節，希望我就是那個人，我有他的情感和人生。但無意間吸引我的，卻還是創傷的情感與回憶。雖然是另一個人寫出來、演出來、說出來的，它模仿的，應該是某個我未曾相識或不曾存在的靈魂，我卻不知從何處產生共鳴了。我將自己的心靈、記憶封閉起來，卻在封閉深處產生了共鳴，呼喚真實而悲傷的情感。

眼淚止不住地流下來，熟悉又陌生，我甚至不知道為什麼而哭。

你遇過眼淚嗎？無論是羞澀留在眼眶裡的，還是毫無修飾的哭嚎，在我們現在這個社會裡都是被視為不合時宜、不應公開流露的個人祕密。少有人可以坦誠地接納，這是我的悲傷，我的脆弱。菁英化的教育告訴我們，這是懦弱，這是浪費大家的時間，無視另外一個人的痛苦踏過去，才是成功人生的方法。甚至進一步教導我們，抹煞自己的悲傷和情感，才是一個大人。

有沒有另一種可能，當一個人眼淚流出來的時候不需要感到羞愧？在這個尚未到

遠方有哀傷，
此地有我

來的社會裡，受傷的經驗不是被無視的，而是珍重的。因為我們意識到，個人的傷就是群體的傷，治癒一個人的痛苦，也代表著治癒群體心靈的可能性。也許建立這樣以療癒為願景的社會非常困難，但我們可以從傾聽身邊的靈魂開始——他們是否在默默地悲傷，無法哭出聲音來？

●

在尋求真實的自我與過去的探索初期，很多事我是依賴著思寧的眼光與判斷，作為我重建世界的依靠。我有太長一段時間，是以壓抑和遺忘的方式在生活。為了保持表面的平和，偽裝自己支離破碎的內在是完整的狀態。但當我開始認識思寧，愛與柔情開始融化凍結的血液，我開始感覺到有些事情開始失去控制。

當我哭出聲音來的時候，我的聲音嚇到了我自己，但我的身體不受控制，我的靈魂需要為我自己的遭遇而感到悲傷。我壓抑這份情感實在太久了。我不祈求有人會擦乾我的眼淚，但請讓我哭泣。也許不是一天，不是兩天，而是一生的時間裡，回想起靈魂深處的傷痛，就自然為它而哭泣。

這是我卑微但平實的願望：我不用再偽裝，我不需要隨時堅強，我不需要平淡地掩飾痛苦，我不想要再為活著而感覺麻木不仁。悲傷就是我靈魂裡重要的成分，是生命真實的味道。接受它是沉重的，但否定它的存在就像否定自己的一部分，我想接受真實的自己。

日本有種說法，稱自己的父母為「那個男人」和「那個女人」，代表父母雖然有血緣關係，但在成長照顧過程裡，毫無情感聯繫。小孩在學校裡學會何謂「父親」和「母親」的正確定義，隨著成長愈肯定一件事：和我一起生活的不是「父親」和「母親」，而是「那個男人」和「那個女人」。

我回顧靈魂最初始的地方，那個叫「媽媽」的女人，每個人都說她會愛你、養你、關切你，跟你建立人生中最親密的情感聯繫。學校這樣教育你，世界上每個人也都這樣告訴你，但是說這些話的人很難理解，沒有媽媽是怎麼一回事。那就是家裡有個女人，生你、養你，不讓你走向死亡的命運，就僅此而已。當你急迫地需要她的愛，近乎絕望地希望與她建立情感的連結，但她選擇將你拋棄到遠方，交給會性虐待小孩的人手上，不聞不問。幾年後帶回家，住在同一個屋簷下，也沒有建立情感上的連結，而是忽視與隔離在她人生之外，像是她眼中的一個汙點和醜聞，她

遠方有哀傷，此地有我

只是無法甩開這個負擔。當你真誠地說出內心的話，想跟她建立更深的關係時，她眼睛看的是遠方，像是在期待尚未到來的自由一樣。

活著難道只是能吃、能睡，沒有死亡的威脅嗎？住在家裡難道就是代表有長大沒餓死嗎？當每個人都在傳說家裡是人生中學習愛最重要的地方，我覺得自己像是沒穿褲子在學校課堂上交出一張空白的考卷給老師一樣，而同學們毫不留情地嘲笑你，你是個沒家教和沒有愛的小孩。

活著就是格格不入，因為每個人都在用他們家裡面那個充滿愛的「媽媽」來評價另一個從未能接觸愛的小孩。而有些人的家裡沒有「媽媽」，只有「那個女人」，那個讓我不會死掉，有吃、有喝、有穿，但無法有愛的那個女人。一樣稱作「愛」的字，在不同的人生裡，內容完全不同。但我們還是用「愛」、「媽媽」、「家庭」來溝通，在課堂上告訴每個小孩你們家裡都有，像是專門開了一門課在嘲笑這些稚嫩而飢餓的靈魂們：你們為什麼不吃飽？

我不知道一個小孩要怎麼跟別人解釋：我的父母覺得我很麻煩，所以他們決定要交給別人虐待我，並且極力掩飾得像什麼也沒發生過，而我還必須努力找出其中珍貴的情感成分，以滿足其他人對愛與家庭的想像，或是以符合他們內心莫名的評價標準。如果你也覺得很荒謬，請不要再當荒謬的一分子，幻想每個小孩理所當然都在愛中成長。

「那個男人」是藝術家，他關心的就是藝術家的身分能否揚名立萬。作品和名聲是他生命的重心，家人和小孩是附屬品。所以當他中年得子，也就是我的時候，無時無刻不哭泣的嬰兒是干擾他半夜創作、事業成功的業障。「那個男人」和「那個女人」商量過後，決定把這個最小的嬰兒送走，送到別人家照顧。雖然稱不上棄養，也說不上拋棄親子關係，但簡單講就是嫌照顧麻煩。

等到發現對方照顧三年卻一直在虐待自己的兒子，身邊不止一個人在勸告他的時候，他才不得不接回來，讓這個兒子認識「原生家庭」。但醜聞還是醜聞，性虐待的事傳出去必然會危害名聲與事業，所以每次談到相關的事情，他就會開始保持沉默或假裝這些事從未發生過。

作為他人生附屬品的要求是，對外要體面。很多有錢的客人來藝術家家裡想看見的，是體貼的太太和可愛的小孩。所以我要學會扮演在這個美麗圖像下的一部分。像延伸ＩＰ一樣，原作要完美，周邊商品也要發揮附加價值。作為藝術家，他很懂對外如何保持和善的談吐與親人的態度。作為父親，他是沉默與不耐煩的，似乎是被迫要去擔任這個角色。

我在這個「家」慢慢摸索，理解到他們對外與對內的態度絕然不同，若我要生存，要學的是怎麼做好他們期望的角色扮演。客人來了，記得保持笑容。我在他的文章、專欄裡讀起來是那麼可愛，如果我在現場讓客人笑出來，他也會笑出來。雖然我分不出來他是對客人笑，還是因為我讓客人覺得我可愛，所以他笑了。我很希望是後者，因為在其他時候我看不到他會因為我而笑。

遠方有哀傷，此地有我

人生是場戲，扮演別人的時候特別簡單，因為完全碰不到心底。當人跟當塊塑膠沒有差別。世界上到處在傳說的「愛」嘗起來就是這個味道嗎？硬而無味。若問我這場戲當中是否有愛，我也不會否定，我甚至可以很肯定地告訴你，當中有愛，只是那份愛跟你在說的那個東西完全是兩回事。一般人說的愛，是源源不絕、一生可以持續回顧的養分，而我得到的愛，是小男孩口袋裡的麵包屑——究竟是要關鍵時刻丟到地上當成逃出生天的重要物資，還是在黑暗中飢腸轆轆時的最後能量？我每天都迷失在薄弱的意志與選擇裡，深怕這有限的愛會從我生命中消失。

回顧我生命的靈魂，「那個男人」跟「那個女人」出現在我生命之初，旁觀我的痛苦，並組成我們的家庭，告訴身邊所有人這是幸福的模樣。我在生命裡學會以有限的資源，忍耐虐待和躲避歧視的眼光。奇蹟的是，我沒放棄與世界的連結，我一點一滴地學習與等待，展現我真實的靈魂。從孤寂開始，我找到靈魂的伴侶。從無知開始，我省思自己過去的生命。無論我生命的開頭是什麼，我決定與我靈魂的伴侶一起走到生命的盡頭。靈魂是寶石，因為有光而發亮。我找到我的光，並且展現我的光芒。

遠方有哀傷，
此地有我

走進忘卻之洞

思寧

農曆新年是我們家奇怪的日子。

我和潔皓已經連續幾年從除夕到初一，都會進入冬眠狀態。我們會連續睡十幾二十小時，把除夕夜的團年飯和初一的開年飯睡到不知不覺消失了。

醒來的時間，我們會很投入地打電動。電動的世界很安全，所有的努力都有回報，也可以讓我們忘記現實生活的時間，而且打電動時不會餓，不用吃太多，很省。

每年我只希望農曆新年假期趕快結束，因為會做噩夢。在這個家家戶戶團圓的日子，我會記起潔晧爸媽叫我們送禮給性侵潔晧的加害者。我會記起潔晧的媽媽打電話叫我們不用回家吃飯。

在潔晧記起童年性侵回憶前，我們每年會隨潔晧父母到伯父家拜年。伯父一家住在基隆的一條小巷子。小巷的鄰里都互相認識，其中一家便是潔晧三歲到五歲期間的奶媽，也是性侵潔晧的加害者。

潔晧的父母說，奶媽一家很照顧小潔晧，所以叫我們去奶媽家送禮，感謝對方的照顧。我記得奶媽的家地板很冰，客廳有供奉神明。潔晧在這個冰冷的地方，被我眼前的一家四口，性侵及虐待了三年。

若是我早一點知道潔晧小時候被虐待的經歷，知道奶媽家便是傷害潔晧的大壞人，不知道我會怎麼做呢？我腦內的小劇場出現過千百萬個不同的情景。其中一幕是我在加害者前拍桌，大聲地指責、罵他們。有一幕是我印了宣傳單張，派給小巷子的每家每戶，告訴所有人住這裡的人性侵兒童。有一幕是我報警舉報他們性侵兒童，警察出現把所有壞人抓走。不過若是我能早點知道的話，我會保護潔晧，不讓他再踏足那片鬼地方，送什麼禮物，實在太瘋狂了。

遠方有哀傷，此地有我

每次回想起我新年時曾經送禮給潔皓的性侵加害者時，都有一種噁心的感覺。身體內有源源不絕的憤怒與哀傷。我感到自己在咬牙切齒，血液急速流動，同時眼淚又不停流下。

即使這份感覺在我心裡恨恨地燃燒，但很長一段時間，我是完全閒置著這份複雜又難受的感覺。因為大部分時間潔皓的身心狀況都比我差。在復原的初期，潔皓吃不下，睡不到。他能活下來，比什麼都重要。

潔皓當時像是身處黑暗洞穴的深處，我拚命從洞口呼喚他，希望他不會被黑暗吃掉。然而，整理痛苦的回憶必然是痛苦的歷程。潔皓每天會花很多時間沉思。他會在我們的小房間中打坐，閉上眼睛，很專注很安靜地去回想童年的一些往事和感受。每次他往回憶之洞出發前，他都會跟我說：「我要去很遠的地方，我希望你等我回來。」

●

在潔皓回憶遠行之際，我都不會離開他的身邊。我會在他身旁看書或工作，然後

遠方有哀傷，此地有我

開始慢慢準備下一餐的食材。突如其來的聲音會嚇到潔晧，所以我會盡量保持房間安靜。我會烹調一些清淡的食物，等他回來時可以補充能量。

我相信我的聲音和食物的味道，是潔晧進入忘卻之洞時與當下的連結。沒人能保證走進忘卻之洞後，可以全身而退。潔晧小時候的哀傷與恐懼，從來沒得到適當的回應。當潔晧在沉思時，我都會擔心這些擱置在潔晧心底三十多年的感受，會否幻化成怪物，把潔晧吃掉，讓他再也無法回來此時此刻。

潔晧每次從忘卻之洞回來，都非常疲憊。狀況好一點時，他能吃一兩口食物，跟我說一兩句話。不過大多時候，體內的力氣只夠他爬上床，用被子把自己包起來。潔晧每整理一段回憶，便要花很長的時間安頓牽動的情感。通常經過好幾天的休息後，潔晧會慢慢跟我說出他的一段童年經歷。

我全心全意聆聽潔晧的所有痛苦。當潔晧跟我說話時，我都會放下手頭上的工作，陪伴他進入生命中每個最痛苦的時刻，細細看待他在忘卻之洞中撿拾的回憶碎片。這些回憶碎片十分鋒利，每次撿起時都會受傷流血。我會珍重地收藏好每個碎片，並準備好包紮用品，照顧潔晧童年時的每一個傷口，擁抱所有受傷的時刻，讓他不再那麼孤單寂寞。

聆聽痛苦的回憶，需要力氣和身體能量。當我涉入忘卻之洞愈深，見證的痛苦愈多，我也慢慢受到創傷事件波及。我不停收集痛苦，同時為對方療傷。然而，性侵受害者的痛苦如地獄之火，我不停一次又一次走進這片火海，時間久了，才意識到自己也無法全身而退。這些痛苦也銘刻在我心頭。他的痛苦，也是我的痛苦。

面對已經粉碎一地的伴侶，我不停提醒自己，要先把所有的力氣用來照顧潔皓，把潔皓的復原放在優先位置。我的生活卻被恐懼籠罩，深怕一個錯誤，一時鬆懈，潔皓就會陷入深淵，再也活不過來。這不是我可以脆弱的時候。大概就是這份信念，我把很多感受和需求都延宕處理。然而，延宕處理是要付利息的。

●

潔皓復原的歷程大概進入第四年時，我也快撐不下去。潔皓的身心狀況雖然已經穩定很多，但也談不上能好好生活。當時他若獨自在家中，依然會感到非常恐慌焦慮。再加上我們的存款快用光，香港的家裡也出現重大變故。我發現香港的爸爸十

遠方有哀傷，此地有我

多年來外遇欺騙我們的事情，使我對人的信任和內在的精神支柱瞬間瓦解。一切壓力的累積，讓我也快倒下。

當我意識到自己在黑暗中迷失方向時，巨大的無力感把我拉向更黑暗的地方。這彷彿證明了我和潔皓這四年的努力都是白費。我的世界因為性侵害的議題，變得只有黑白，沒有灰色。世界瞬間分為兩半，站在受害者身旁的，還是站在對岸的加害者一邊。能理解痛苦的人很少，能理解陪伴者的人又更少。

我找不到指引，不知從何解釋這種感覺。我不是當事人，卻為什麼那麼痛苦那麼寂寞。我也會覺得自己沒有「資格」那麼痛苦，因為身邊總有一個人比我更痛苦。痛苦的時間過得很慢。我忘記快樂是什麼。我失去了期待，遺失了快樂。我不知道明天有什麼意義。我找不到活著的渴望，我每天在等待死亡的來臨。

我變得不想說話，即使身邊有很支持我的家人和朋友，我也不知道從何說起，覺得說了也不能改變現狀，說出來很累。

我慢慢變得非常嗜睡，不想醒來。眼睛睜開時，我會努力再睡。睡久一點，一天就會走遠一點，清醒的時間就會短一點。

記得有一天我早上依舊醒不來。我坐在床上，不知為何，眼淚卻不停落下。我的眼淚嚇到了自己。潔皓很冷靜，他安慰我，陪著我。突然我發現原來潔皓比我想像中強大了很多，不再那麼脆弱。我覺得他的身邊有著溫暖的光。我開始痛哭，沒有盡頭地哭。我記得我跟潔皓說：「我好難過。你小時候的經歷，讓我覺得很心痛。」

這是潔皓記起性侵後，我第一次在他面前讓自己的情緒被看見。

我意識到，原來我的情緒可以不用再隱藏起來。我的痛苦和難受，需要被我最珍重的人接納。

我知道我要轉換生活節奏。我開始在潔皓情緒安穩時，告訴他我的感受。我起初很擔心我的感受會讓他感到困擾，我擔心他不再跟我分享。然而潔皓沒有因此而改變，反而我們有更多的交流和理解。

我理解到我們不用比較所感受的痛苦。我的感受也需要被看見，只是太久一段時間，潔皓在最脆弱的時候，他也自顧不暇。最困難的時候已經過去，他不再被過去的回憶所淹沒。我們的關係不再是單向的支撐，而是回到互相支持的平衡。

我們一起再調慢復原的節奏，安排更多休息和放鬆的時間。潔皓一直很用力，想趕快處理完過去的傷痛，開始新的生活，但過去一直用盡所有力氣回應痛苦的回憶，也讓我們的生活缺乏喘息的時間。我們決定生活再走慢一些，多吃甜點，多看高甜度的卡通和影集。朋友知道我的經濟狀況後，也介紹一些翻譯及研究工作，讓我可以在家工作，多一點收入。

在陪伴性侵受害者的歷程中，家人需要長時間與受害者共同生活，情感必然受到牽連，生活必然面臨衝擊。在長期見證他人之痛苦後，或許受害者的家屬不能逆轉替代性創傷*的出現，但最少能認知自己與性侵受害者之間的位置與距離，看見自己的侷限，便能重整裝備，找到自己的盟友和目標，一步步慢慢重新出發。

＊替代性創傷，是一種見證人類犯下的暴行或嚴重災難後，而產生的內在經驗轉變。助人者因為直接目睹相關事件、聆聽倖存者詳述創傷與痛苦、陪伴倖存者生活，從而直接吸收在創傷中的視覺、嗅覺、聲音、觸覺和感覺，自然產生的創傷暴露反應。

第五章

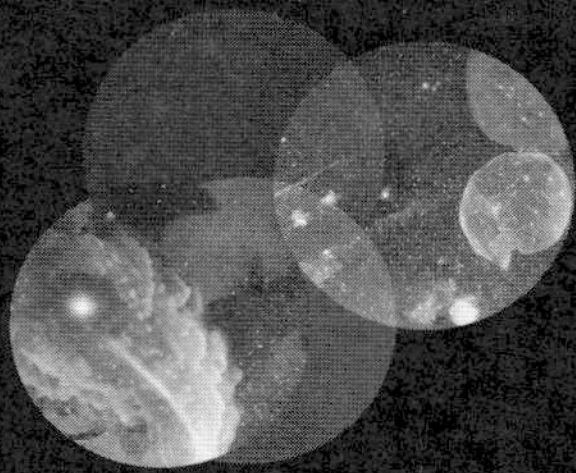

快樂的星塵

點亮火柴的小男孩

思寧

國小時常因課後作業陷入人生的苦惱。當時每逢週末，每名學生需要借一本書回家，寫讀後感想。每次借書都很緊張，四個小孩同時站到小小的圖書櫃前，在有限的時間內要選出一本書。這時書的封面特別重要，因為只能看封面一眼，便得決定要或是不要。其中一本書的封面我印象依然深刻：飄雪的黑夜，金髮小女孩拿著籃子仰望星空。

我帶著這本書回家。星期天的下午，天氣晴朗，樓下的籃球場傳來打球的聲音。

我坐在窗邊，拿出這本書，封面寫著《賣火柴的小女孩》。書的頁數不多，翻頁不能太快，每一字，畫面每一個細節，都要好好珍重。

我慢慢翻閱眼前的繪本，故事讀到一半時，不妙，眼淚不知道為什麼靜靜落下。眼淚滴到書上，我覺得抱歉，緊急用手擦開書上的淚滴。小女孩已經夠可憐了，怎麼可以再弄濕她的火柴。然而眼淚卻一直流，直到繪本的最後一頁。

為什麼我會哭，這不是快樂的閱讀時光嗎？我不懂這是什麼感覺。我再讀一次故事，眼淚又再落下，像是魔法，把我的胸口壓得緊緊。

我覺得難過，也很慌張。我控制不到我的感覺。我沒有預期要流淚。給孩子看的童話故事，主角最後不是都過著幸福快樂的生活嗎？

我滴著眼淚，問在廚房備菜的媽媽：「媽媽，為什麼我在哭？」媽媽看一看書的封面，一臉「恍然大悟」：「這故事的小女孩很可憐，又冷又餓，為她感到難過很正常。難過時便會哭，不用擔心。」

我一邊想著媽媽的話，一邊看著繪本其中一個畫面：小女孩獨自在飄雪的街頭，很冷很餓，身後的房子內，一家人在溫暖的火爐旁享用豐盛的大餐。我感到難以平靜，那麼漂亮細緻的圖畫，卻讓我有撕裂的感覺。哀傷的感覺慢慢變淡，身體卻愈

遠方有哀傷，
此地有我

來愈熱，像是有一股熱氣在身體裡亂跑。

我感到憤怒，如果媽媽說我正常，難道故事裡面的成人都不正常嗎？那麼多食物，分一點點給窗外的小女孩，她便可以度過這難關。為什麼沒人去幫幫這小女孩？為什麼一個孩子要經歷這些苦難？為什麼大人要叫小女孩在冰天雪地裡去賣火柴？小女孩身邊的人不會難過嗎？為什麼老師要給小孩看這本書？我愈想愈生氣，年紀小小的我，當下有太多感受與事情無法理解。

這時媽媽一邊挑菜，一邊輕聲地說：「我小時候也挨餓過，看著米缸一粒米都沒有，眼淚也是控制不到流下來。沒得吃的時候，只能去麵包店求人給我們一點麵包皮，拿回家再分給弟弟妹妹吃。」

原來媽媽也曾經是可憐的小女孩，但她從來沒有主動提起，而且每次都把好吃的先留給我跟姊姊。

我抱著手中《賣火柴的小女孩》，聽著球場上拍打籃球的聲音，覺得心裡空空的。這個賣火柴的小女孩從來沒有離開過我的心，我常常想起她。不過，或許我從來沒有理解過書中小女孩的心情，也沒能體會媽媽小時候的困境，直到二十年後，我遇到潔晧。

潔皓不是小女孩，也沒賣過火柴，不過他在童年殘酷的命運下，存活下來。我在他身上學習到很多事情，他的視野與分析事情的角度，往往給我很多啟發。

我們常常討論小時候看過的繪本與童話故事。有一次我們各自分享小時候最不能接受的童話，他跟我說了《藍鬍子》的故事。

「在很久很久以前，一位鬍子是藍色的公爵，住在山上的大城堡。他很富有，是出名的好男人。藍鬍子有一天來到小鎮找願意與他一起住在城堡的新娘。一名農村女孩答應，藍鬍子很開心，把城堡所有房間的金銀珠寶都送給她，但只有地下室的房間，藍鬍子再三告訴太太，千萬不可以進去。太太忍不住心裡的好奇，偷偷走到地下室，結果看到房間的牆壁上，掛著一具具女性的屍體。」

我聽完覺得毛骨悚然，太恐怖了，根本是連續殺人犯的故事。潔皓說國小讀完這故事後，也覺得很疑惑：「為什麼這書會放在國小的圖書館？這是兒童讀物嗎？這是給小孩子看的書嗎？」最困難是要寫作業。讀完《藍鬍子》，要告訴老師「這故事教會我們什麼」。

我笑說：「這真的太難了，教會我們不要去地下室？不要結婚？」我問潔皓：「你後來在作業上寫什麼？」潔皓說：「知道老師期待我們看到故事裡面好的部

遠方有哀傷，此地有我

分、從故事學到的東西，但是《藍鬍子》結局不好，但又不想再看另外一本書，功課趕快完成比較重要。最後我寫：『要學藍鬍子對太太好。』」聽到潔皓的答案，我覺得更毛骨悚然，還好我們家沒有地下室，我以後也不要住有地下室的房子。

這時賣火柴的小女孩在我心裡敲敲門。我記得小時候寫《賣火柴的小女孩》的閱讀作業，也很懊惱。到底應該寫什麼感想？我跟潔皓說，當時想了很多版本：

不要用掉要賣的火柴，會被爸爸罵更慘。
死掉後，可以跟你最想念的人永遠幸福在一起。
火柴在寒冬不能保暖。
太冷太餓時，要找人幫忙。
不要讓小孩子挨餓。
要給孩子穿足夠的衣服。

好像怎麼寫都不對。這些「感想」或是「學習」，無法回應心裡踏空的感受。潔皓這時露出深邃的眼神，整個家的氣氛變得凝重。他問我，「你知道火柴的寓意嗎？」

我沒有想過，每次想到小女孩很可憐，就哭得亂七八糟。回想起故事裡的火柴，我只記得火柴變出了火雞、爐火、聖誕樹，最後是奶奶，然後小女孩也在星空中出現。火柴的寓意？我沒有想過。

兩人的對話安靜下來，我知道潔皓在說重要的感受時，會先迎來漫長的寂靜。潔皓眼睛看著遙遠的地方，很用力地握著我的手。過了一段時間，他用很柔弱的聲音說：「絕望是一個又一個希望消失。」

希望爸爸媽媽會帶你一起到新家，但沒有。

希望媽媽相信你說奶奶一家很壞，但沒有。

希望寒冷的晚上可以有被子蓋，但沒有。

希望挨餓的時間走快一點，但沒有。

希望陪伴你一起成長的狗狗吉米，可以一起離開性侵虐待你的恐怖地方，但沒有。

希望努力讀書，可以帶走心裡的痛苦，但沒有。

遠方有哀傷，此地有我

希望有人可以聆聽你的故事，但三十多年來，都沒有。

絕望是你手上的火柴一根一根消失，希望一個又一個落空，直到寒冬中已經沒有火柴可以許願。當這份絕望銘刻在心裡時，活著還能期待什麼？

我緊抱潔晧，眼淚在他的衣服上，染出一圈又一圈的顏色。

螢幕中的貓狗

潔皓

所有的幸福都不只是快樂的瞬間，它還包含著所有過去與未來的哀愁與痛苦。沒有人可以不煩惱這個問題：我為何感到幸福？眼前的幸福可以持續多久？

我每天都在看可愛的貓狗影片，有時候可以看上幾個小時。內容不外是幾十分鐘的狗狗散步，或是奶貓餵食，這種單純的內容，我可以看得很開心。看著這種單純、可愛又幸福的內容時，我內心裡的冰山就會悄悄地融化，某個不自覺的想法就會浮現：曾經，我也想像過這樣的幸福，帶著狗散步，貓在我大腿上打盹。

在這想法浮現時，身體就明顯出現一道撕裂感，提醒我：這是永遠不可能的事。像是看著自己的斷肢，清楚地告訴你，它是不可能再長回來了。即使曾經是如此親密的，如同身體一部分的情感，但卻只能回想起被撕裂當下那一刻的痛楚與無力感。

這個不可能，是我一直努力去迴避觸碰的痛苦。它跟我真實的家人有關。我在奶媽家裡有個家人，嚴格來說，牠不是人，而是隻牧羊犬。牠是奶媽為了讓我保持沉默的人質。當牠被買來時，我和奶媽家的關係正降到冰點。所有性侵和死亡的威脅都經歷過了，他們唯一害怕的，就是我不願意和他們妥協的意志。奶媽是個蛇蠍心腸的人，她知道我是不能威脅的人，所以換一種方式來控制我的意志：她買了我人生最初的家人，吉米。

●

吉米來到奶媽家的時候，是隻不到一歲的牧羊犬。牠快樂的活力，是我人生痛苦的救贖。因為牠的存在，我感覺到即使在最痛苦的時候，仍有牠愛著我，陪伴著

遠方有哀傷，此地有我

我。我有時會抱著牠，看著牠清澈的眼睛，雖然牠不會說話，但我知道牠知道我的感受。我們是共患難、互相支持的家人。

父母在我五歲時要把我接回家，但是沒有提到吉米。我離開集中營，牠沒有，這是我一生的愧疚。

我和思寧都很喜愛小孩，也很喜愛看毛小孩的影片。思寧的小樂趣是在路上看到五歲以下的小孩，然後用眼神跟不認識的小孩玩到瘋。我在旁邊看很有樂趣，每個小孩都很自然地愛她。思寧沒養過貓狗，她常問我說，我這麼喜歡看貓狗，會不會想養一隻貓或狗。

想到這裡，心底的恐懼又開始無限放大。好像有個來自遠方的巨大回聲，對著我宣告：「照顧另一個生命，對你那是不可能的。」恐懼感與愧疚感像是兩隻不斷擴大的巨獸，在我心裡任意撕咬。接近十年的時間，我沒辦法把吉米從那個地獄裡救出來，也沒有任何人聽見我們的求救。只有漫長的折磨和最終的死亡，留下無止境的罪惡感。我與牠的連結，隨著時間被緩慢地消磨，直到牠死亡的那一刻。沒有一件事是我決定的，也沒有一件事是我能做的。

在牠死後，我深刻地反省，人活著究竟有什麼意義。如果家人就是努力的意義，那麼，是否我繼續活下去的原因已經消失了？我試著努力保持呼吸，但當時我十二歲的生命，看不見任何光。我常躺在床上，希望眼睛不要睜開，就這樣永遠睡著。我試著努力說服自己，我要為自己活下去。這似乎是個好理由，但我拋不開罪惡感。為什麼是我活下來？為什麼活著要背負這樣的悲傷與痛苦？

如果愛是支持我們一輩子活下去的動力，那麼無法拯救愛的罪惡感是什麼？是在告訴我，我在所有事物尚未變成悲劇前，我還擁有完整的靈魂之前，我應該選擇和性侵我的人繼續生活下去嗎？還是我應該就懷抱著受傷而破碎的靈魂活著？我無法回答這些痛苦的問題，但它們迴盪不去。十二歲的我，大概有一兩年的時間，像個鬼魂一樣飄蕩在我生活裡，而我還要準備聯考。

最後我把這些回憶封印在遺忘的閣樓裡。它必須要關起來，不然我會失去活下去的意願。在關起房門上鎖前，我對自己輕輕許願，再打開之後，所有事都會解決。記憶的封印一關就是二十年。在我單獨活著的這二十年裡，我試著努力相信我在為著一個什麼而努力。一個什麼？破碎的靈魂？還是充滿遺憾及罪惡感的自己？我只知道，每每在完成生命中重大的關卡與努力的時候，我的內心深處就有聲音在告訴我：遠方有人在等著我，有件重要的事在等著我去完成。每次這個聲音響起的時候，我就會陷入迷霧裡。是誰在等我？是什麼事，感覺比起任何事都重要？

在看著螢幕上可愛的小孩和貓貓狗狗時，這個答案很清楚地浮現在心頭：是吉米，我最早的家人，在等著我拯救牠，而我什麼也沒做到。記憶的閣樓已經打開了，我和這段記憶已經毫無距離了，但感受從未改變過。牠已經不在那裡了，也沒有人在等著我拯救靈魂，除了我自己。

眼淚不自覺掉下來的時候，我就會把影片關起來，去做其他事轉移注意力。一隻白頭翁停在我們窗台上，在我們面前唱著歌。有那麼短暫一瞬間，我會希望那是吉米委託的訊息，告訴我沒關係。但我知道不是。

回過神的時候，思寧在等著我一起吃飯，我們要一起切菜、煮水，照顧對方。

光影中的祕密訊息

潔晧

我習慣將情感藏在細節裡，藏在喜愛的歌曲和漫畫裡，期待某天順著路、順著記憶，找回當時的情感。長大才知道會這樣做的人並不多，多數的人就是表達情感，不需要隱藏起來。

我養成這個習慣是因為情感是不被允許的事。說愈多，感覺自己錯愈多，所以需要藏起來。還有一些恐怖而難以表達的事，更難說出口。只能把這些感受留下一個記號，好像在巨大的森林裡留下小石頭，不然除了我之外，不會有人能知道這些感

遠方有哀傷，此地有我

受的來源及路徑。

和思寧一起經歷這些感動的時刻，是我人生的珍寶。因為我會看見那句我曾經說不出口的話，但我想告訴思寧。很多時候我無法說清楚自己經歷了什麼，但某些情境可以。說出口那瞬間的心情是困窘的，還有難以形容的恐懼。但是很熟悉，偶爾在螢幕看見時，如獲珍寶。我想告訴思寧那句我說不出口或難以描述的情感。

這些情節是由人內在的情感世界組成的。如同一首歌曲，初聽到會感動、震撼、流淚，再聽無數次，依然不改它對人的影響力。因為人的情感結構是共通的。即使我們的經驗不同，但會讓你流淚的故事，也會讓我流淚。相信每個人都有過類似的激動，當被某個作品感動的時候，非常想要找到另一個人分享這份感動。幸運的人，可以和自己愛的人分享這份感動。我在成長歷程裡非常孤獨，除了有無法說明的悲傷，還有許多在作品中看見的悲傷共鳴無法與人分享。

分享讓你流淚、感動的作品，同時也是在分享你為何而感動。讓人感動的時刻，是值得讓人燃燒生命的時刻。無論是付出心力讓這份情感保存到下一代，還是讓這份情感如野火燎原般在每個人心中燃燒，每個激動流淚的人都會在夜半回想，這份感動由何而來。也才意識到這份共同的情感，將我們帶到同一條路上。

如果劇本是精煉的情感鋪陳，那麼沒有劇本的實境秀則是濃縮的人生劇本。好的演員懂得在虛假的情境中演出真實的情感，因為他們的努力，所以我們能在螢幕投入我們的情感。然而實境秀裡大多數的人不是演員，所以所有「演出」都是在鏡頭前對生活的選擇，即使有演出的成分，也包含著對自己利害的考量。

通常實境秀裡，會讓我感動的，多半不是俊男美女的愛情，而是普通人對愛的努力與選擇。她可能是個曲棍球選手，努力打工和練習，為了打進全國大賽。但隨著深入她的人生背景，才發現她在球場上的努力並不只是為了勝利，而是因為母親在她小時候觀看她練習時，在觀眾席上腦溢血過世。所以這些努力並不光是為了打球，而是在努力的過程，她不斷會感覺到媽媽就在觀眾席上，看著她努力。

她可能是聰明幹練，螢幕前談了一場完美的戀愛，但在結婚前一晚與另一半大吵一架。那晚成為心中過不去的一道坎，心裡不斷有個聲音告訴自己：這段婚姻無法幸福。所以在婚禮上聖壇前，所有親友齊聚一堂的盛會下，說：「我不願意。」與認定深愛的對象一生錯過。

這些孤獨與悲傷，不是劇本寫出來的，而是真實的人生，也是這些真實人生濃縮的情感片段，讓我產生共鳴。我記得我記起所有事情的那天晚上，我已經三十四歲，那些事情也在我心裡面深埋二、三十年，但從來沒有人真的了解過。我想說出口，但所有感受都卡在喉嚨裡，讓我說不出口。思寧知道我不對勁，但不知從何問起。我卡了一整個晚上，最後擠出一句話：「小時候我很寂寞。」說完湧上來的是無盡的絕望與恐懼，像是那段永無希望的時間活生生再次占據我的所有生命與感受。我趴在地上大哭大喊，但沒有眼淚，也叫不出聲音。當時我一定嚇壞了思寧，因為我就像一個用盡力氣要求救的人，卻只能發出如瀕死般氣若游絲的聲音。

其實我想像中的自己不是這樣狼狽的，應該要再更帥氣一點。在無盡的夜晚與清晨裡，我看著窗外的黑夜與黎明，想著總有一天這份寂寞與痛苦會有人理解。然而當這個愛我的人，願意理解我的人，真正出現在我面前時，我卻一個字都說不出口。

我試著要吶喊，沒有聲音。我試著要哭泣，很久之前我就告訴自己不再哭泣。我想扮演一個帥氣成熟的大人，風趣幽默敘述過去的經歷，但實際上我趴在地上，站都站不起來。三十年的寂寞與痛苦，究竟該怎麼短時間濃縮成一句話，原來是不可能。

遠方有哀傷，此地有我

有個教人如何整理家裡物品的實境秀，實際上它述說的是一個深刻的意涵：人與環境的關係同時也象徵著內在與環境的關係。人若不整理自己與物品、環境的關係，最終只會堆積、混亂，直到不可收拾。當然它也給人一個希望，就是無論何時開始收拾，我們都有能力整理好、重新經營這些讓我們感受到混亂的感覺及關係。

主持人請參與者在整理的過程裡，拿起每項物品並感受，問自己這件物品是否帶給自己快樂，是否想帶到未來，和自己進入下一段的人生。每次這段歷程都讓我覺得很感動，因為每個參與者都會和自己保留許久的物品回顧人生的經歷與情感，並真誠地面對自己，問自己期望一個什麼樣的未來。

整理感覺是一生的功課，因為我們的感覺隨著時間一直在變化。長期經歷絕望感受的小孩，這樣的感受更是深刻。三十年前的快樂與恐懼，三十年後我重新再體會，意義已完全改變。三十年前的痛苦，今天依然歷歷在目。記憶無法像物品一樣丟棄，它是構成我們的一部分，但整理它的方式和整理房間是一樣的。

如果我的內在是個房間，我想要自由而爽朗的空間，但實際上它堆滿了過去的痛苦與寂寞，生命也持續背負著這些感覺無法擺脫。

現在每天吃飯時間，我會和思寧擺好碗筷，裝好飯菜，一邊分享食物一邊欣賞影片。各式各樣的情節帶給我們眼淚與歡笑，在感受深刻之處，有時我們會停下節目，分享自己的感受。我覺得這些感受，是連結我們的重要時刻。一邊看著螢幕的光影，一邊哭著、笑著，我時常在這種時刻想，如果思寧一直就在我身邊的話會怎麼樣。如果我早二十年、二十五年遇見她的話，我可以告訴她所有我經歷過的事、經歷過的感覺，會不會我就不會有那種說不出口的感覺，而是在人生的每個階段裡，都有一份溫暖的存在，和我一起整理一個又一個混亂的房間，收拾一座座痛苦的書架，擦亮一扇又一扇悲傷的窗戶。

我們曾經討論過，為什麼創作會帶給人一種完整、幸福的感覺：當我們在生命所有事情發生的時候，實際上我們不太能感受，也不能體會，因為我們忙著要生存，忙著要處理眼前這團混亂的狀況。在我的經驗裡，感受是太過危險、也太過奢侈的一件事。戰戰兢兢地生存才是活著的方法。反過來說，今天我終於有餘裕和我愛的人觀看一件作品，討論完整的感受和想法，不用擔憂任何事情，一起哭，一起笑，我們一起慢慢體會、整理所有人生的感受，我相信這就是通往幸福的道路。

螢幕光影中隱藏的祕密訊息是我人生的祕密訊息，在我經歷性侵與死亡之後，暴烈的情感蹂躪著我的內心，我找不到一個指引告訴我，我為何悲傷、為何痛苦。但

遠方有哀傷，此地有我

所有藝術都在隱隱地指向一條路，那就是再現靈魂的愛、悲傷與痛苦。我沒有錯過和思寧一起歡笑、享受的時光，我也沒有錯過所有和思寧一起流淚、看見悲傷的時光。如果人生有感動的時刻，切記與你愛的人一起整理這份珍貴的感覺。

溝通需要練等

思寧

我不懂游泳。我很害怕水走進眼睛和鼻子，也很害怕被水淹沒的感覺。小時候沒有機會學游泳，大學畢業後，跟游泳教練學了好幾個月，但對自己能不能浮起來還是沒有信心。我的大學好朋友是游泳高手，她常常跟我分享潛在水底的寧靜與美好。我跟她請教游泳的祕技，她跟我解釋游泳就像騎腳踏車一樣。我不會騎腳踏車，所以聽不懂。我的朋友很有義氣，主動教我騎腳踏車。

我覺得我的人生將會改變，因為我學會了騎腳踏車後，便會同時獲得游泳的祕

遠方有哀傷，此地有我

技。騎腳踏車不會被水淹過口鼻，我應該可以的。朋友租了一台腳踏車，開始跟我解說騎腳踏車的心法。神奇的輪迴來了，她用游泳的方法來解釋如何騎腳踏車。我們兩人笑到滾地，如何表達自己用身體記憶的事情，原來不是那麼容易。我的朋友後來示範了多次腳踏車如何起步、如何轉彎給我看，我再自己親身嘗試和體驗，身體才漸漸有所體會，並能與朋友共同享受這份在腳踏車上移動的自由與快樂。

人就是那麼有限的生物，我們無法直接提取他人的知識，無法直接感受他人經歷過的悲喜哀樂。大多時候，我們只能憑自己的身體去體會，或是依據自己有限的經驗去猜想。運動的身體記憶不易交流，但透過親身體會和練習，或許可以有所領悟。然而對於如何理解與體會他人的感受，則是另一次元的困難。

跟潔皓一起生活十五年，我常有一種匱乏和無助的感覺，累積在他身心的痛苦與絕望，把我們兩人劃開了一道難以穿越的深淵。我總覺得他在深淵的對岸，我看得到他，但怎麼也觸碰不到他。

我起初以為潔皓把藏在心底的祕密說出來後，會比較輕鬆自在，但他說出性侵的經歷後，童年的痛苦像詛咒一樣，把他冰封起來。他活在冰塊中，只是靜靜地看著這個世界，不想參與，也不想被看見。他久久不發一言，我漸漸跟他失去了連結。

潔晧每天看起來都十分蒼白哀傷，三十多年來的孤單與寂寞，把他與世界隔絕。我小心翼翼地撿拾潔晧的回憶碎片，全心全意聆聽他所有的經歷和感受，但還是無法融化把他孤立起來的冰塊。

●

潔晧和我的時間開始走得不一樣，我的時間在往前走，但他的時間卻在倒流。童年的回憶無情地把他拉回無助恐慌的狀態。他對眼前的事物無感，對每天的生活抽離。他認得我，但又像不認識我一樣，他每一句話每一個動作都變得謹慎疑慮。

從來沒被理解的痛苦，衍生了無盡的孤寂。即使我慢慢拼湊出潔晧童年的點滴，見證他的痛苦，為他流淚心痛，但我的淚，終究不等於他的淚。

沒有經歷過的痛苦，我如何輕易能懂？到底哪些詞彙可以解釋痛苦，哪些溝通方法可以讓我理解這份孤寂？我想擁抱他，想安慰他，但我有限的生命經驗，無法讓我貼近他童年的痛苦。我身邊的潔晧，依然獨自在冰山裡哭泣哀傷。

我不服氣，童年的創傷把潔晧的童年帶走，我不能讓這些不公平的對待，把潔晧

遠方有哀傷，此地有我

的現在帶走。我要找方法，進入他的世界。

如果潔皓停留在過去，那我就回到他的過去尋找失落無助的他。或許當我能理解他的困境，體會他的感受，我們便能攜手離開黑暗之地。

但我又如何回到他的過去？哪些時間鑰匙可以幫助我開啟這傳送門？我尋找他童年有所依存的事物，尋找小潔皓熟識的語言。我從他的童年回憶中尋找線索，或許小時候的卡通可以築起我與他之間的橋梁。

在一個平靜的下午，我試著邀請他一起看小時候的卡通。潔皓圓圓的眼睛滾了一圈，他離開了房間的角落，跑到電腦前，開始搜尋。

三十年前的卡通不容易搜尋，但網路上找到的一些小片段，已經足以架起跨越寂寞的橋梁。這些卡通片段儲存了小潔皓的感受與共鳴。卡通裡的恐龍、盔甲、激光劍、英雄與壞人，讓我有機會跟潔皓建立共同的回憶，分享共同的情感。

在這安全的空間裡，潔皓慢慢揭開更多難以言說的回憶與感受。共同的經歷，提供了共同的語言，讓我與潔皓同在。

我知道我無法回到過去阻止傷害的發生，但或許我可以跟潔皓重遊小時候和他一起長大的卡通漫畫，陪伴他走過寂寞孤單的童年。

我們自此一起慢慢走過小潔皓的成長之旅，從童年的卡通與繪本，到青少年的漫畫與電影，我每天都努力從他的世界理解他。

面對潔皓所經歷的傷痛，我只能謙卑謹慎，承認我有所限。或許這份傷痛永遠有不能觸碰之處，但我願意在餘生的時間，進入他孤獨的世界。

煮飯的心情

潔皓

煮飯進入第十年的時候，我開始在煮飯的時候想起許多事情。煮飯跟藝術是同一件事情，只是它是一次性的藝術。吃下肚，它就結束了。存在的時間很短暫，所以更顯珍貴。

備料的時候，我會欣賞食材，胖瘦亮滑。某些食材會自然散發香氣。一邊摸著凹凸的皮，一邊想著該如何料理。我會把紅蘿蔔切成紙一般的薄片，疊起來，切成竹籤般的細絲。這個過程，從一開始的整個下午，到後來慢慢變快，半小時就能切完。我並不想很快做完，因為切的時候我很享受那個過程。就好像藝術品的細節一樣，不需要問目的，只要心無旁鶩地做。對於自己可以做出一餐飯，並餵飽自己，覺得非常開心。覺得自己可以做到的事很多，不用感到憂慮。

漸漸開始響起一些聲音，是我內心的回聲。發出回聲的，都是和吃與生存有關的事。在性虐待我的奶媽家裡，是不一定有食物可以吃的。大部分時候是咖啡調味乳。在肚子餓的夜晚更難熬。如果能睡著就好，夢裡就可以忘記飢餓、孤獨與恐懼。

我一個人，沒有依靠，能活下來純粹是運氣。不過是他們不能讓我死罷了。但我想他們一定希望我早點死吧。我早點死他們就不用擔心我說出去。

想著這些的時候，面對眼前正在切絲的紅蘿蔔，感到非常感激。我不只選擇了自己想吃的食物，還把它切成自己想要的樣子，真是人生的成就與幸運。我獨立了，不需要再依賴另一個人來決定我吃什麼和什麼時候才可以吃，我覺得非常了不起。

但接著心中另外一個回聲又再響起，是我尚未可以安放的感受。當我決定要跟父母談童年性侵這件事的時候，我為什麼要先告訴我兩個哥哥。他們連續約我出來吃

遠方有哀傷，此地有我

飯兩次，我兩次都出席。我對當初的決定感到後悔。

他們力勸我不要處理這件事。但對我來講，我不處理這件事，我無法繼續走下去。聚餐不歡而散。就跟從前一樣，我自己一個人面對性虐待，他們回家。家不是我可以回的地方。我面對的，不只是孤獨，還有家人對我的漠視及背叛。如果今天有機會重新選擇，我能不能避免這樣的痛苦。

有時我切菜切一切，就開始出神想這些問題。也許從別人的角度看起來，我就是靜止了。我陷入回憶的漩渦裡，想在人生的每個選擇裡找到可以改變我命運的選擇。如果有那個時刻，我的人生會不會不一樣。但是我找不到那樣的時刻。憂慮在此時容易擴散，無法安放的回憶也成為此刻對自我的懷疑。

即使我現在能獨立做飯、吃飯，但我懷疑自己會不會又回到當時無法迴避的痛苦命運裡：當時我無法解決逃離，未來是否依然如此？我能做什麼，怎麼做才是對的選擇？煮飯時如果都在想這些，大概就會失去味道。如果有喜歡的味道，會幫助我喚回感受。嗅覺幫我回到現實，幫我記得現在該做什麼。

大致上，煮食與藝術創造是同一件事。仔細欣賞，每件食材都會散發獨特的魅力。即使是壞掉的食材、無法煮食的食材，都存在這樣的魅力。它們像是自然存在的美好，遍布在生活之中，只是我們太過習慣，忘記了它的存在。處理食材像是在提醒自己，停下來欣賞，並且創作。剝皮、削皮、切片、醃製、調味及煮食，與處理藝術品的原材料無異，都需要細膩及對材料的喜愛。雕塑家看見大理石的時候，就已經看見成品。我在創作的時候，也已經看見了成品，只差一步步邁向成品的過程。這部分是經驗的累積，同時也是拓展未知的領域。成功、失敗的經驗都是屬於自己的，它都在幫助你創造下一件更具原創性的作品。

吃下去第一口的時候，如果是喜歡的味道，就會告訴自己好吃，活著真好。此刻的幸福是努力生存的證明。我努力告訴自己：我並沒有做錯什麼。好吃，不好吃，都是我努力後的結果。

此刻，能和愛的人一起決定自己吃什麼，就是幸福。

●

我和思寧在一起十五年，十五年來我們不曾分開。就是字義上「不曾分開」的意思。我們緊密生活在一起。一起吃飯，一起睡覺，一起洗澡，一起喝咖啡，從早到

遠方有哀傷，此地有我

晚，二十四小時。十五年。我們很快樂。我們常說「在一起的時間，我們會不會額度消耗得太快」，也許我們互相說話的時間，比起很多結婚一輩子的夫妻都長。

我們曾經遭遇到一個短暫的挑戰，就是當時思寧開始上班了。她一天要通勤超過三小時，上班九小時，回到家常沒說到兩句話，就差不多要昏睡了。我們常沒時間聊天，說話，互相了解經過這一天的心情。一開始我非常焦慮。我不是一個在快樂家庭長大的小孩，大部分的時候，我是在思寧身上學習什麼是愛、什麼是關切，而她也是時時刻刻都在想著我、關心我。但開始上班之後，她有太多事要忙碌，連睡眠的時間都不足。

我就開始想辦法積極參與思寧的每一天，我希望她快樂。她每天最大的困擾之一，就是吃。上班附近每家店都會讓思寧味素過敏。所以我開始幫她做便當。每天做便當變成我最重要也最快樂的事之一。一邊煮晚餐，一邊想著眼前的菜、明天適合帶什麼。最近發現最偉大的料理是番茄蛋，又漂亮又好吃。思寧回來都會跟我說，她一邊吃一邊拿給每個同事看：「你看！我老公做的便當！」每個同事都會驚奇讚嘆。我就會跟思寧說：「你老公真是個天才！」

但光是午餐是不夠的，早餐也要吃得好。就帶自家烤麵包配咖啡，通勤的時候吃。咖啡雖無法現泡，也要重現家裡手磨咖啡的風味。磨咖啡、煮熱水、備菜、煮晚餐、裝便當順便烤麵包，盡量在兩三個小時內完成。記得一定要問太太：「今天過得好不好？」

吃是掌控生命的象徵。我們不一定是吃山珍海味，但我們以想著對方的心，想著對方的感受，化作一餐的食物，在無形中共享著感覺。好吃或不好吃都是生命體驗的一部分，重點是我們一起經歷，而一起說好吃的那瞬間，是我一生珍貴的回憶。

烤箱的微光

思寧

潔晧剛回憶起童年被性侵的初期，他說不出話，失去了笑容。然而最令我憂心的，是他失去了吃的欲望。他沒有飢餓的感覺，像是對存活最嚴苛的控訴。

潔晧被哀傷與痛苦籠罩，好一段時間每天只能下嚥幾口食物。我總是期待他會喊餓，如同往日一樣跟我一起煮飯，一起在餐桌上吃飯。但大多時候潔晧都是躺在床上，不會起來吃飯。

直視黑暗的過去，需要很多勇氣，也需要很多體力。作為潔晧的伴侶，我能做的事情有限，除了聆聽陪伴，我努力維持生活的正常運作，希望潔皓每天能吃好睡好。原來當一個人跟痛苦搏鬥時，能吃能睡是多麼奢侈的事情。

潔皓日漸消瘦，體重在短時間內驟降了十多公斤。他變得瘦小脆弱，彷彿風都能把他吹倒。那段時間，我每天都焦慮徬徨。潔皓會昏倒嗎？他會因為缺乏營養而倒下嗎？要送他去醫院嗎？吃不下真的沒關係嗎？

兩人的生活也因三餐變得不定時，生活漸漸失去節奏和期待。很多個晚上，我總期待再等一下，或許潔皓會餓，兩人可以一起吃飯，但他就是不餓。久而久之，我三餐的時間也變得不定時。最難適應的，是當自己一人坐在餐桌前，伴著獨自在房間被童年創傷折騰的伴侶，眼前飯菜好像也沒有味道。

即使潔皓每天只能吃一兩口，我努力維持每天煮飯的生活儀式。這好像在告訴潔皓，沒關係，性侵的經歷即使痛苦，我依然在你身旁，每天都在煮飯，我都在，每天都在。

我慢慢減少每天備菜的分量，做一大一小的飯菜，即使分量不多，但無論潔皓什麼時候肚子餓，家裡都有熱騰騰的飯菜可以吃。潔皓沒有跟我一起吃飯時，我會把他的飯菜裝在保鮮盒，讓他想吃的時候，隨時可以加熱來吃。

遠方有哀傷，此地有我

我知道不能勉強潔皓進食，但如何同時尊重他的意願，又能維持身體存活最低限度的需求，成為一個急切的難題。

當好好吃一餐變得太高難度時，我嘗試改變策略。我回想潔皓過去喜歡的食物，並以少量多餐為目標。

潔皓喜歡脆脆的口感，我便準備了多種口味的餅乾。方塊酥、消化餅和花生煎餅是常勝軍。後來也有試過蘇打餅乾配花生醬和果醬，不過對沒力氣行動的潔皓而言，要去冰箱拿花生醬和果醬是一個門檻，效果不理想。微微烘烤過的堅果也有一定吸引力，烤堅果時滿室香氣，腰果和核桃總能吸引潔皓吃一兩顆。

潔皓也喜歡酸酸甜甜的味道，所以我準備了一些可以一口放進嘴巴的蔬果，例如小番茄、藍莓，希望多少能補充一點維他命。沒有出門買水果時，就換成果乾。潔皓對青提子和葡萄乾的反應不錯，到現在依然是我們家的常備零嘴。

我把這些隨時可以吃、方便入口的食物，放在潔皓的房間，讓他可以不用洗手、不用下床，簡單便可以吃一兩口。餅乾和水果的種類也不時換口味，讓他可以挑選。希望這樣可以減輕潔皓對吃感到麻煩或負擔的感覺，他想什麼時候吃都可以簡單做到。

補充水分也很重要。太哀傷時，潔皓往往只能喝一小口水。檸檬水有神奇效果，可以喝三口。花茶也不錯，洋甘菊茶幫助放鬆，晚上泡給潔皓喝，他會比較容易入睡。冬天喝薑茶會溫暖身體，巧克力奶加棉花糖能提升幸福感。潔皓不見得能喝完一杯，但他有意願喝幾口就能讓我很有滿足感。

復原期間，潔皓對食物的需求和喜好持續變化。他依然吃不多，但對餅乾的反應還不錯。這是讓人鼓舞的訊息，他吃多吃少沒關係，有想吃的東西就是好開始。不過超級市場買到的餅乾種類有限，吃久了還是會悶，而且大多有人工添加物和含較高糖分，容易刺激神經系統，對與創傷搏鬥中的潔皓並不太適合。為了讓潔皓吃到更健康和有營養的食物，我開始在家裡烤餅乾。

跟平常窩在廚房煮飯不一樣，我會在客廳的餐桌上放滿各式各樣的食材和工具。潔皓會坐在餐桌旁，靜靜地看著我把麵粉、糖、植物油、豆奶、巧克力粒攪拌混合，把麵團壓扁切割，再放進發亮的烤箱。潔皓有力氣時，會待在烤箱旁，感受烤箱傳來的光、溫度與香氣。

家人和朋友知道我每天會烤餅乾給潔皓吃後，從香港和英國郵寄了很多烘焙材料給我們。姊姊寄了大量香料、巧克力和很多款式的花茶，朋友則寄了椰花糖和各種植物油。每次把他們的禮物烤成餅乾給潔皓吃，就像提煉大家為潔皓打氣的心意。

我盡量每天都會烤一盤餅乾，食物的溫度與香氣讓我跟潔皓建立多一點聯繫。看著潔皓一片又一片吃著微溫的小餅乾，是我們兩人生活最美好的時光。

第六章

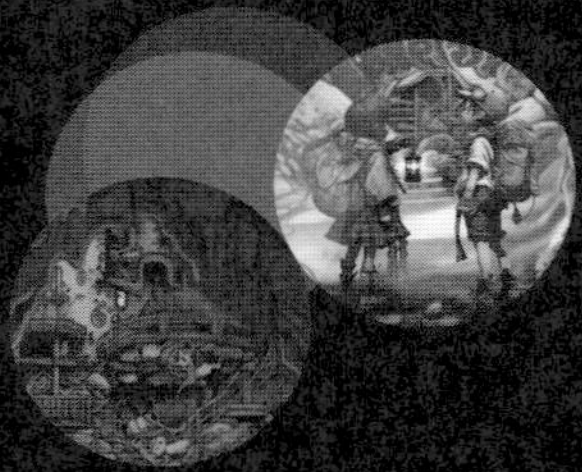

傷害將我們與所有人連結

遠方有哀傷，
此地有我

我們遇見的快樂王子

思寧

每天潔晧入睡後，是我整理自己心情的時刻。潔晧入睡的時間不能預期，這可能發生在炎熱的下午，也可能是凌晨小鳥螞蟻也在休息的時間。只要他安穩入睡了，我的大腦就會自然進入平靜狀態。

在這平靜的時刻，不能說是快樂或是愉悅，大多時候只剩下靈魂無法迴避的叩問：

「要是潔晧小時候沒有被性侵，我們現在的生活會是什麼模樣？」

「要是我們過去八年不用處理童年創傷留下的傷害，我們會生幾個小孩嗎？」

「要是我們的存款不用花光在復原工作上，我們會開畫室教很多小孩畫畫嗎？」

通常思緒流動到這，我就會猛然清醒過來。擦一擦流下的眼淚，站起來，走到廚房，再擦一擦流理台。

有些事情沒有答案，愈想只會愈空洞哀傷。沒曾擁有的東西，又如何談失去。

這份感覺很難跟潔皓分享，我不想他感到內疚或虧欠。一切的痛苦並不是因為他不好。我很清楚我們的困境，是源自虐待潔皓的人。

童年創傷就是那麼殘酷，受害者永遠不知道自己失去了什麼。性侵與虐待，奪走了潔皓原有的快樂與未來。只是一般人難以理解，這份不公平的剝奪，也蔓延到受害者伴侶的生活。

或許在我第一次聽到潔皓說出童年性侵經歷的晚上，我的生命就開始高速偏離預期的軌道。三十年來沒有機會處理的傷害，一夜間填滿了我們的現在與未來。如何存活，如何離開痛苦，成為我們每天醒來唯一的現實。

時間過得很慢，也過得很快。每天醒來，昨天的痛苦依然留存。我每天都嘗試洗

遠方有哀傷，此地有我

掉家裡痛苦的味道，但寒冬來了又走，冬天的棉被洗了又收，痛苦也在數個冬日後滲透到棉絮中，怎麼也洗不掉這份冬天會再來臨的恐懼。即使我深知夏天會回來，但我已忘記如何期盼藍天炎陽，反正在陽光下也是痛苦，無止境的痛苦。

一切的鬆動，來自五年前的一封訊息。

當時我和潔皓在捷運上，我清楚記得是藍線的車廂。我們坐在椅子上，車頭在我的左邊，背後的門正在打開，耳朵傳來捷運關門的「嗶嗶嗶嗶」聲音，同時，手機上傳來幸佳慧的訊息。

我當下心跳很快，有點緊張，不妙，幸佳慧是不是弄錯了什麼？她怎麼會傳訊息給我。一名仰慕已久的偶像，主動寄訊息來，是多麼可怕的事情。怎麼辦？要不要打開訊息？還是假裝沒有看到。一陣心煩意亂，不妙，我不小心打開了訊息：

有件事想到你跟三郎。是這樣的，我今天又看到小孩被性侵的新聞，其實也不是今天，一直都看得到兒童少年被各種形式性侵的新聞，難以閉上眼睛不看氣憤難平卻也不認為自己做得了什麼。不過因為我最近在寫一本談兒童權利的書，稍微有點骨氣，趁今天新聞的氣憤，就逼自己開檔案寫好一本繪本的文字故事。這故事的動機，主要是讓家長正視這種事，帶著孩子理解自己的感覺、保護自己，並不要害怕把黑暗講出來。寫時忘了時間，直到先生下班要約我去買菜時剛好也寫完了，便在捷運上跟他講起這個故事，最後談到繪本後製的一些問題，我跟先生稍做討論後，想到三郎，便決定冒昧來寫訊息了。

閱讀訊息後，時間停下來了，我和潔皓身處移動中的捷運車廂，一起盼望著未來。

●

幸佳慧一直是我和潔皓十分敬重的兒童文學作者，她更是兒童權利與兒童共讀的重要推手。她一直為兒童說話，也一直為不公義發聲。潔皓在出版《不再沉默》後，她更主動寫訊息給潔皓，為他打氣鼓勵。她願意為兒童性侵受害者寫故事，我們相信世界將會因此變得不一樣。

遠方有哀傷，此地有我

或許，我們有機會可以讓孩子不用經歷性虐待的痛苦。或許，我們有機會讓社會更理解性侵倖存者的困境。幸佳慧給了我們希望。她像寒風中不滅的火把，照耀了黑暗角落中的苦難。

當天晚上，我們收到幸佳慧寄來的《蝴蝶朵朵》文本。我們自此開展了一年多的繪本創作之旅。在復原歷程中無聲消失的期盼，溫暖地再向我們招手，輕輕擁抱著我們。

創作是美好的，跟幸佳慧一起創作，更是天堂般的體驗。幸佳慧很在意潔晧的身心安穩，她說了很多安慰的話，也帶來很多歡笑。我們常常約在台灣深夜開始視訊對話，然後一直講到她在美國的午餐時間。我和潔晧很珍惜與幸佳慧每次的交流，我們從她身上學習到對作品的堅持，也學習到如何從繪本的形式中思考藝術的可能性。她總是真誠地聆聽我們所有的想法，即使她的創作資歷那麼深厚，但共同創作期間，她給予我們很多發揮空間，在平等的交流中更給予我們很多肯定。在她帶領下，我們畫出一頁一頁的圖畫，為朵朵帶來了生命。

創作的日子讓人感到踏實。每天創作的累積，為停滯不前的復原生活帶來清新的空氣。每次跟幸佳慧討論創作，聽她說《蝴蝶朵朵》出版後的推動計畫，讓我深深感覺我跟潔皓的生活在慢慢轉變。我們每天都在畫畫，即使痛苦的影子依然在，但在佳慧陪伴下，過去的陰影變得不再那麼讓人恐懼無力。

●

繪本差不多完稿之際，幸佳慧告訴了我們她生病的消息。短短數語，沉重得讓人窒息。我們不敢多問，怕給她帶來壓力。我和潔皓之間也有默契，一起關掉情緒雷達，我們都不敢談。我很懦弱，我不想接受沒有幸佳慧的明天。

我們深知無法分擔佳慧身心承受的痛苦與煎熬，能做的也只有把《蝴蝶朵朵》好好完成。我和潔皓努力穩住內在的能量，把繪本修改好。

癌症，病重，去世的消息，難過得讓人不想承認。

她離開前的一個深夜，我們聊了很久的電話。當時她身在台大醫院，夜深了卻難以入睡。她撥了電話給我們。她笑說，只有我和潔皓那麼不健康，常常熬夜不去睡。她總笑說，生病時每個人都在念她，她現在只能念我們。即使她體弱消瘦，還

遠方有哀傷，此地有我

在記掛著我們要多吃早睡。其他人念，我會不耐煩，唯獨被佳慧念是幸福的。不過，再也聽不到她的聲音了。

幸佳慧在我們合作之初，說《蝴蝶朵朵》出版後會安排回來台灣的行程，她邀請我們一起分享，之後她回美國，就交棒給我們繼續去不同地方說朵朵的故事。我和潔皓當時很安心，反正不用想那麼多，跟著幸佳慧到處跑就對了。她說有一個畫面在她腦海十分清楚，就是她在學校跟孩子說朵朵的故事，然後介紹我和潔皓給孩子認識，大人小孩一起坐在地上聊天對話。她想讓孩子知道即使受傷了，一起療傷後還是可以展翅飛翔。她說光想到這個畫面，就覺得很美。

對，這個畫面因為有幸佳慧在，所以真的很美。

跟幸佳慧一起演講的計畫，終究沒有機會達成。幸佳慧在最後與癌症奮鬥的時光，身體雖然承受各種不適，但她還是想念著如何將《蝴蝶朵朵》送到隱藏暗處的小朵朵。她對孩子愛護的心意，不曾動搖。她像快樂王子一樣，把身上所有的美好與善念，化成一顆顆發亮的藍寶石，送給每一個小孩。

幸佳慧跟我們說，《蝴蝶朵朵》是一本傳遞希望的繪本。說實話，我沒有信心，兒童性侵的議題讓我看到人性的醜惡。這些年來我都在見證痛苦，在痛苦稍稍鬆動之際，幸佳慧又離開了我們。希望不是說有就有。

不過，當我和潔皓在家裡孤單徬徨之際，她的朋友、認同她理念的夥伴，默默串連起一次又一次的研習與分享。他們像小燕子，無私地到處傳遞幸佳慧的信念與精神。很多次我和潔皓到台灣不同角落分享時，都依稀感覺到那是幸佳慧牽下的緣分。即使跟承辦人是第一次見面，但卻好像認識了很久一樣。我們說著跟佳慧的回憶，說著她的美好。

在推廣兒童性侵防治的路上，這些美好的相遇，讓我在寒冬中依然感到溫暖和希望。我和潔皓深信，我們的前路已經不再孤單。

幸佳慧不在我們身邊已經三年了，我和潔皓寫這篇文章時依然哭得亂七八糟。想念她時，我會閱讀我們過去的對話。我特別喜歡她寫給我們的這一句話：「期待我們心裡逐步開展出來的花田，讓更多蝴蝶安全飛舞，讓受傷的羽翅得以修復。」但願我們成為幸佳慧身邊的小燕子，把她的溫暖與堅持的價值，送到社會不同角落，陪伴更多人走更遠的路。

傷害將我們與所有人連結

潔皓

看清自己是件不容易的事。我不知道發生在我身上的事有多嚴重，我只是知道這些事讓我難過，讓我的生活充滿掙扎和痛苦。我以為把這些感覺說出來是沒意義的，因為沒有人在意。

直到我公開說出自己的童年性侵經歷時，我已經三十四歲了。中間發生了很多事。公開之後，我才能理解到，有很多人跟我有一樣的經歷和感受，而且不是少數的人，是社會中潛在相當多人數的一群人。

我收過很多人的信件，也聽過很多人的遭遇，我感受到在這個環境下，遭遇童年性虐待的人成長過程有類似的困境。其中有位年輕的倖存者，向我傾訴了她的遭遇，我在她身上看到很多自己的影子。真誠、單純、暴躁、害怕，對身邊的人充滿愛與情感，對自己的情感卻充滿陌生。我在寫《不再沉默》的時候，常常會想起她。

想起她很年輕，想起她有未來，想起她生命中的各種可能還存在，如果能得到多一點的幫助，也許就會得到更多幸福。這是我寫《不再沉默》時感到的唯一安慰。如果社會中有多一點人能理解，受傷的人可以少一點困難。

寫完《不再沉默》之後，我也開始接受訪問跟演講。我保持著一個信念，就是任何一個受傷的人，都有機會重新開始，即使過程會遇到很多困難。我常對著訪者的麥克風沉默，在他們眼中，我相信自己看起來是沉默的，因為我一句話都沒說，但實際上，我內心在吶喊著，有太多話，與太多情感，無法用一句話說明。很多時候，是思寧幫我解圍，幫我說明一點，把我從內心的吶喊帶回現實，再多說一句。這樣一句又一句的累積，讓我慢慢相信，有人在聽著，也有人願意相信。最重要的是，我相信有人能因為身邊更多人的相信與理解，而得到更多的幸福。

遠方有哀傷，此地有我

出版《不再沉默》之後，我們也和許多不同的倖存者接觸，聽見他們的故事，心裡有很多不捨。在我們能力範圍內，我們給予關切。當時覺得，如果我們能給予受傷的人些許安慰，也許一切都值得。那位年輕的倖存者，也是這樣和我們接觸的。後來她在住院的過程裡，我們去探望她，給她帶了我們自己做的紫米露。因為擔心我們平常煮的不太甜，所以多下了冰糖，結果因為太甜，她要加水吃。

她之前曾說想要開個人廚房，煮飯給大家吃。我們吃過她做的蔬菜派，放了很多馬鈴薯和芝士，非常好吃。我畫了一張小畫送給她，祝福她未來開餐廳的夢想實現。

夜裡，陪伴她在醫院的病房裡，她的男朋友說要出去買東西，讓我陪他一起走走。路上他問起許多創傷復原的問題，我也依我當時所能盡力回應。談話的過程裡，我一直想起我和思寧，想起當初我們剛開始面對這個問題，感到的迷惘與不安。是不是他們的不安，會因為這短暫的交流，可以稍微減輕一些？我不知道。

出版一年多後，這位年輕的倖存者過世了。

我去參加她的喪禮，排隊瞻仰她的遺容。我看到她的時候，在心中不禁想問：「你得到幸福了嗎？」看著她走的時候，我也不斷在想這個問題：「人可以得到幸福嗎？像我們這樣受傷的人，可以嗎？」

很長一段時間我感到非常消沉，想起過世的人，眼淚就不停地流。我很懷疑自己做的事對不對。如果是對的，為什麼她會先離開。當我寫書告訴別人：「創傷後的復原是可能的。」然而死去的人不會再歸來。那些再也沒有機會的人聽到這句話是什麼感覺？不公平嗎？殘酷嗎？怨恨嗎？還是一切都算了，沒有關係？我難以諒解這世界對倖存者的殘酷，在這件事之後，我也不敢再與其他倖存者有更多的聯繫。實在是太痛了。

這個問題困擾著我，直到《蝴蝶朵朵》的出版。《蝴蝶朵朵》的出版讓我和思寧有機會接觸到更多的人，也知道更多的事。不止一次，有家長和老師在聽完我們的演講後，察覺到他們身邊的小孩正在遭遇這樣的傷害，並阻止傷害繼續擴大。不止一次，有家長跟孩子說朵朵的故事後，孩子說起同學正在經歷和朵朵一樣的事情。不止一次，老人在聽朵朵的故事後，說出自己也是朵朵，而且從來沒有跟別人說過。

遠方有哀傷，此地有我

傷害直到發生之前，我們都無法想像它的恐怖。安全的生活容易使我們忘卻危機，所以社會常需要倖存者對我們發出警告。因為隋棠的大力相助，讓許多人認識《蝴蝶朵朵》，也認識了我們。

一位曾為受害者的家長傳給我們這樣的訊息：「因為推廣《蝴蝶朵朵》，幫助了某個小朋友揭露性侵害事件。今天終於順利出庭作證完成。無論結果如何，可以把事實說出來是最重要的。看見那個小朋友的媽媽陪著小朋友，心裡有很多感觸。我覺得我不只幫助了他，也幫助了我自己。」

我的生命裡，有很大一部分充斥孤獨的感受，因為我再怎麼表述自己，也常只是一場空。我沒想過會有這樣的一天，當我說出倖存者的孤獨，有另一個人說：我能理解，我有相同的感受。我看見一個倖存者幫助另一個倖存者。我真切地感受到人與人的連結。

過去傷痛將我與所有人隔開。現在因為理解傷痛，我和所有人連結。

我想要相信，我們都可以得到幸福。

人生困難的是不講道理的事一項項飛過來。生存不講道理、戰爭不講道理、死亡不講道理。不過我覺得美麗的，是人願意付出自己微小的生命，去營造一段共同的關係，在這樣的關係裡，共同面對這個殘酷的環境。因為有這樣的關係，所以人有活下去的意願。

很明顯地，不是每個人都有這樣的關係，或在生命的早期得到這樣的照顧。所以，我們被殘酷的生存所吞食，在不講道理的世界裡求生。內心深處深知，當時沒有來吞食我們的恐怖怪物，隨時在伺機毀滅我們的生命，或所有我們認識、重視的事物。

但我內心總有這幅圖像：深知我面臨死亡，但以我渺小的生命，我冷靜選擇傳遞美好的事物。如同凜冬烈火，肌膚被寒氣切割，被烈焰紋身，在深切的痛苦中，我靜靜擁抱生命即將熄滅的火焰。

許多受過深刻痛苦的人，都會提出同一個疑問：該怎麼在死亡面前，不感到瘋狂、恐懼，而滿足地接受？他們很多人在追求答案的路上刻劃出相同的精神性：為

遠方有哀傷，此地有我

另一個生命犧牲、奉獻。在奉獻的過程裡，他們為自己所屬的群體，刻劃出一個美好的未來希望：因為犧牲者的選擇與努力，在人世間活著的痕跡，所以所有誕生及未誕生的微小而可愛的生命，將擁有更多美好的回憶。

人生的倖存者與曾經被愛過的人，有著相同的願景卻完全不同的情感。深切體會失去的痛苦之後，我們成為異鄉人，無法再像一個無憂無慮的孩子一樣，單純投入熱情去燃燒、去義無反顧地愛。異鄉人所有的愛與情感，都在提醒著我們死亡與失去。因為這樣的雙重視角，讓異鄉人品嘗生命的甜美時，同時體會到生命的苦澀，在所有微笑裡，都包含著悲傷。

因為失去所以懂得珍惜，是多數人中年以後的功課。不過生命的功課殘酷不講理，它不一定會等待你長大，很多孩子出生時就是在做這艱難的功課。總要知道失去了什麼，才知道擁有的重量。早期就被剝奪的孩子，痛苦而疑惑：究竟自己為何而活？為何大家沒有他失去的痛苦與困擾，路變得曲折而迷惘？

有過追求與愛之後，回顧自己的生命才能理解，為何這條路如此曲折困難，以及深切地感受，不應該讓另一個稚嫩生命有如此的體驗。這些因為失去而淬鍊的情感，是凝結人類群體的核心。

我們會因為烏克蘭總統慷慨激揚的演說而感動，並不是因為他個人，而是我們意識到整個群體失去的美好。有著美好未來的兒童與青年，因為某些狂人的幻想，失去生命、失去所有美好的可能性。這不應該是我們人類的選擇。我們內心深處的靈魂都在狂躁吶喊：這是錯的！我們每個人應該都要站出來捍衛生命更美好的可能性！

人是如何從一個個體連結到群體的？是什麼東西讓一個社會凝聚？是誰讓你哭泣？回答靈魂的呼喚，它必然引領你到生命的源頭，看見群體的靈魂。烏克蘭的國花是太陽花，士兵身上會帶著一袋太陽花種子，象徵著自己在為捍衛國土死於荒野之時，口袋裡的種子會發芽，太陽花會綻放，並且面向陽光。無論未來的人是否記得這些犧牲，孩子們會看到一片面向太陽的花海。那些失去幸福機會的人們，心中曾經描繪一幅什麼樣的未來？我們為了什麼事情而堅持？我們可以在下一代孩子的眼中，看見這樣的光芒嗎？

心中踏實的純淨土壤，不是存在於幻想的天堂、一個永無侵略與鬥爭之處，而在於靈魂的連結。母親抱著剛出生的嬰兒，看著小小的身軀，深信自己將以一切可能守護這脆弱的生命。父親看著熟睡的家人，疲憊中深信付出一切去支撐眼前的安

遠方有哀傷，此地有我

穩，就是意義。孩子看著父母的眼睛，無論在何時，都想告訴自己最愛的人心中的快樂與悲傷。也許世界終將毀滅，但因為靈魂的連結，我們最終選擇以生命互相守護。

愛是守護，亦是空缺。終有一天這份愛也會隨著生命逝去，留下來的人感覺到一份永遠無法彌補的空洞。在空氣中，我感覺到你；在雨中，我感覺到你；在幸福中，我感覺到你。在一切之中，我感覺到你。在深刻體會永恆的斷裂之後，我們重新體會到，這個世界是無盡的連結。在空缺中，亦有愛和連結。只要你願意，你就會看見愛。只要你願意，你就會感受到愛。而讓這份連結繼續傳遞下去的，是我們的信念與選擇。

FSAA

遠方有哀傷，
此地有我

後記——

稱為家的地方

◎潔皓

編輯問我，怎麼從悲傷和痛苦走出來，我陷入長思。

以前傷心的回憶四散在我的人生裡，我隨時在小心翼翼地避開它，告訴自己「不要傷心」。緊繃著自己隨時處在「不傷心」的狀態，其實就是被傷心的回憶追逐著。

有些事情與關係，不是我想處理就可以處理好的，例如我和家庭的關係。從寫完上一本書《不再沉默》到現在，將近八年的時間，我的家人都沒有和我再聯絡。人生中最感到無助的時間，除了小時候被他們送到奶媽家，接著就是回憶起這些難以處理的傷痛時刻，我的家庭從來就不是支持我的力量。

從不想面對這個事實，到就算不想面對，但也只能接受這就是事實。我和我以為是家人的關係，就只能這樣。在我人生最脆弱的時候，血緣上的家人不是我想像中的力量，這讓我本來就感到痛苦的心境，陷入更深的絕望。每年在生日那天，我都會感到迷惘：什麼是「生」，而我為什麼會「生」在這個家裡？我崩潰過不止一次。

這兩年去演講推廣《蝴蝶朵朵》時，問過好幾個來接待我們的人，都是有點年齡、經歷、智慧的人。我問他們，當你們的家人消失的時候，究竟怎麼樣才能感到不難過。一片沉寂後，對方就流下眼淚，哭了出來。我重複思考這件事，什麼是大家口中的「好了」、「走出來」、「不難過」，也許實情是從未「不難過」，想起依然是柔腸寸斷般的傷心，只是我們平常不講。

我總以為是有什麼標準來衡量痛苦、傷心、眼淚的狀態，以及從悲傷「走出來」的標準。每個人都這麼迴避悲傷，好像不能有一滴眼淚流出來。開始對大眾敘述我的經驗後，我才意識到：我們都需要哭，我們都經歷很多難以承受的悲傷，只是大家都不講。

知道這個狀態後，我比較接受自己了。我沒有「好了」、「不傷心」，而是傷心就是我人生的一部分。想起來就會傷心，在整理安放後，這些傷心的回憶有了屬於它自己的祭壇。我不時就會走到祭壇前，對著它流淚。我需要這樣做。

遠方有哀傷，此地有我

也許是我和思寧之間存在著聯繫，好幾次是在夢境裡，我聽到她呼喚我的聲音。後來漸漸地，我的家人從我夢境裡消失，而思寧陪伴著我，無論在我醒的時候，或在我的夢境裡。夢裡，我們一起逛夜市，一起吃早餐。醒來以後，也一起吃早餐，我們隨時都在一起。我想不到更安慰的事情。那個過去努力苦苦追尋的夢與失落，我以為此生無緣之處，那個稱為家的地方，就在我們兩人之間。

【新書簽講會】

《遠方有哀傷，此地有我》

陳潔晧・徐思寧

日期：2023/05/20（六）
時間｜下午3點
地點｜金石堂信義店5樓（台北市大安區信義路二段196號，捷運東門站）

洽詢電話：(02)2749-4988
＊免費入場，座位有限

國家圖書館預行編目資料

遠方有哀傷, 此地有我/陳潔晧, 徐思寧著. --
初版. -- 臺北市 : 寶瓶文化事業股份有限公
司, 2023.04
面 ; 公分. -- (Vision ; 241)
ISBN 978-986-406-357-4(平裝)
1.CST: 心理治療 2.CST: 心理創傷
178.8 112004948

寶瓶 AQUARIUS

Vision 241

遠方有哀傷，此地有我

作者／陳潔晧・徐思寧

發行人／張寶琴
社長兼總編輯／朱亞君
副總編輯／張純玲
資深編輯／丁慧瑋
編輯／林婕伃
美術主編／林慧雯
校對／林婕伃・陳佩伶・劉素芬・陳潔晧・徐思寧
營銷部主任／林歆婕　業務專員／林裕翔　企劃專員／李祉萱
財務／莊玉萍
出版者／寶瓶文化事業股份有限公司
地址／台北市110信義區基隆路一段180號8樓
電話／(02)27494988　傳真／(02)27495072
郵政劃撥／19446403　寶瓶文化事業股份有限公司
印刷廠／世和印製企業有限公司
總經銷／大和書報圖書股份有限公司　電話／(02)89902588
地址／新北市新莊區五工五路2號　傳真／(02)22997900
E-mail／aquarius@udngroup.com

法律顧問／理律法律事務所陳長文律師、蔣大中律師
如有破損或裝訂錯誤，請寄回本公司更換
著作完成日期／二〇二三年三月
初版一刷日期／二〇二三年四月
初版二刷日期／二〇二三年四月二十七日
ISBN／978-986-406-357-4
定價／三六〇元

AQUARIUS 寶瓶 文化事業

愛書人卡

感謝您熱心的為我們填寫，
對您的意見，我們會認真的加以參考，
希望寶瓶文化推出的每一本書，都能得到您的肯定與永遠的支持。

系列：Vision 241　書名：遠方有哀傷，此地有我

1. 姓名：＿＿＿＿＿＿＿＿　性別：□男　□女
2. 生日：＿＿年＿＿月＿＿日
3. 教育程度：□大學以上　□大學　□專科　□高中、高職　□高中職以下
4. 職業：＿＿＿＿＿＿＿＿
5. 聯絡地址：＿＿＿＿＿＿＿＿＿＿＿＿＿＿＿＿

   聯絡電話：＿＿＿＿＿＿＿＿　手機：＿＿＿＿＿＿＿＿
6. E-mail信箱：＿＿＿＿＿＿＿＿＿＿＿＿

   □同意　□不同意　免費獲得寶瓶文化叢書訊息
7. 購買日期：＿＿年＿＿月＿＿日
8. 您得知本書的管道：□報紙／雜誌　□電視／電台　□親友介紹　□逛書店　□網路

   □傳單／海報　□廣告　□瓶中書電子報　□其他
9. 您在哪裡買到本書：□書店，店名＿＿＿＿＿　□劃撥　□現場活動　□贈書

   □網路購書，網站名稱：＿＿＿＿＿＿　□其他＿＿＿＿＿
10. 對本書的建議：（請填代號　1. 滿意　2. 尚可　3. 再改進，請提供意見）

    內容：＿＿＿＿＿＿＿＿＿＿

    封面：＿＿＿＿＿＿＿＿＿＿

    編排：＿＿＿＿＿＿＿＿＿＿

    其他：＿＿＿＿＿＿＿＿＿＿

    綜合意見：＿＿＿＿＿＿＿＿＿＿＿＿＿＿＿＿＿＿＿＿
11. 希望我們未來出版哪一類的書籍：＿＿＿＿＿＿＿＿＿＿＿＿

讓文字與書寫的聲音大鳴大放

寶瓶文化事業股份有限公司

（請沿此虛線剪下）

廣　告　回　函
北區郵政管理局登記
證北台字15345號
免貼郵票

寶瓶文化事業股份有限公司　收

110台北市信義區基隆路一段180號8樓

8F,180 KEELUNG RD.,SEC.1,

TAIPEI.(110)TAIWAN R.O.C.

（請沿虛線對折後寄回，或傳真至02-27495072。謝謝）